人生でひとつでも、夢中になれることを見つけられた人間は幸せ者だ。
ある日、雪とスキーに魅せられた男が、新たな雪と感動を求めて旅に出た。
スキーを担ぎ、国境のない地図を片手に。

プロローグ

「到着しました〜」とLINEのメッセージが入った。
時刻を見ると、約束していた8時半きっかり。
巨大なスキーバッグを引きずって自宅の玄関を出ると、車の窓から顔を出したのは、1シーズンみっちり雪上で過ごした直後のように真っ黒に日焼けした圭くんだった。メールでは連絡を取りまくっていたけど、顔を会わせるのは2ヶ月半ぶりだ。以前は冬の間もちょくちょく遊んだり、飲んだり、撮影したりしていたけれど、最近はそれぞれがこの旅の資金を稼ぐために、多忙な冬を送ってきた。「やっと始まるね」これから旅が始まるというのに、なぜか安堵感に包まれていた。旅に出ることは、俺にとってシンプルに一人のスキーヤーになれること。圭くんにとっては、シンプルにひとりのカメラマンになれること。この旅があるから、自分のスキーに対する情熱を毎年確かめることができている。俺たちにとって、この旅はなくてはならないものになっているのだ。

「俺、アキレス腱切っちゃったんだよね」
と伝えた半年前、圭くんが最初に言った言葉を思い出していた。
「大丈夫。地球を滑る旅までに治してくれれば（笑）」この旅を続けることに何の疑いもない、圭くんの回答が嬉しかった。あれは忘れもしない8月8日。フットサルでアキレス腱を断裂するという、運動不足のオジさん的な怪我に見舞われた。主治医にも、友人にも、「もう歳なんだから」と言われ、「はい。私がアキレス腱太郎です！」と自虐ギャグで対応してはみたものの、脳ミソは20代の俺は、晴天の霹靂に大いに動揺していた。怪我をする前、「今まで1回だけカメハメ波を出したことがある」という俺の話を聞いて、「とうちゃんは超人なんだ！」と信じていた幼い息子たちに、「ダッセ〜！！」と言われたのが一番辛かった。

「いや、片脚が動かなせないくらい大したことね〜よ。さぁ、夏休みだから出かけるぞ！」と意気込んではみたものの、のっけから厳しい現実を突きつけられることになる。サッカーの練習も付き合えない、キャンプに行っても道具を運べない、子供がもし海で溺れたとしても助けられない…。子供たちのドン引きした表情が、俺に対して「戦力外通告」を突きつけていた。そして、今までの自分がいかに筋肉でできた脳ミソと、過酷な状況にも左右されない鈍感な体質に頼って生きてきたかということを思い知らされた。それでも懲りない俺は、「驚異的な回復力を見せつけてやる！」と企んでいると、主治医の井上先生に完全に見透かされ、「タケは無理だから1月の復帰だな」と宣告された。「なんとかもう少し早く復帰できませんか？！ うちには年端もいかない二人の息子が…」と子役時代に鍛えた迫真の演技で迫るも、「再断裂したら、復帰に1年以上かかって、それこそ死活問題になるぞ！」と脅され…いや、ありがたいアドバイスをいただいた。そんな周囲のアドバイスを受けながらも、「人が言うことを自分の都合のいいように解釈する特技」を発動して、11月末に無事？ 雪上復帰を果たした。その雪上復帰がなんといきなりTVの撮影ときたもんだ。これには、温厚なうちの嫁さんも呆れ顔で言った。「本当、家族の中で一番言うこと聞かないよね」

最近、気づくことがあった。
典型的なO型の俺は、人の意見を尊重し、控えめに、柔軟に、人に迷惑をかけずに生きてきたと思っていた。兄貴が不良少年だった時は、自分を抑えて家族を極力心配させないようにしたし、嫁さんとの結婚生活も、自分が色々とサポートしていると思っていた。それがどうやら、俺はみんなに「しゃーないなー」と思われながら、サポートされて生きてきたということが、最近になって判明したのだ。40を過ぎるまで気づかないという、恐るべき鈍感力で、俺は自分のやりたいことに集中して生きてきたようだ。自分では、やりたいことの半分くらいしかやっていない気持ちだけど（笑）。嫁さんと結婚する時、俺はノリノリでイケイケだった。日本がなくなっても、地球がひっくり返っても、なんとか家族を守る自信があるというのが、自分の売り文句だった。本当に世間知らずである。俺には、明確な職業も、お金も、安定もない。いつ怪我するかも、命を落とすかもわからない。こんな自分と結婚してくれたことは、今思うとハンパじゃないと思う。嫁さんは毎日のように亡くなる人がいる急性期の病院で看護師をしており、どんな地位も名誉も、富も権力も、墓場までは持っていけないこと、そして、誰もが最後に求めるのは、自分が歩んだ人生の満足感と、愛なのだということを若くして悟ったのだという。自分がサポートに回ったとしても、大好きなことに邁進する俺と一緒に人生を送りたい。そう思って結婚してくれたのだ。少々ノロケ話になったが、何が言いたいかというと、俺は嫁さんに一生頭が上がらないということだ。

怪我をすると、なんだろうか。困ったことに滑走欲が異様なまでに高まるのだ。俺は過去に4度大きな怪我をしているが、そのどれもが自分にとって良い機会だったと思っている。まず、怪我するたびにスキーの情熱が異様に高まった。自分の身体を見つめ直す機会にも恵まれ、怪我するたびにスキーが格段に上手くなった。もし、怪我していなかったら、今のようにプロスキーヤーを続けていなかったかもしれない。こんな思考なので、怪我して真っ先に思ったことは、「滑りたい！」ということだった。俺は松葉杖で歩きながら、地球を滑っている自分の姿をイメージしていた。次はどこを旅しようか…。ここ最近行ったインドカシミールやロシアではレンタカーが使えず、国土が広すぎるので飛行機の移動がメインとなってしまい、地球の滑る旅本来の、気ままなロードトリップが出来なかった。俺は、レバノンやモロッコの時のように、舐めた指を上げて、風の赴くままに旅をするような初期のスタイルを楽しみたいと思った。目的地は、まるでそよ風のように思いついた。目を閉じると、青い海と青い空。真っ白な家が密集する街を抜け、オリーブ畑が広がる丘陵地帯を颯爽と走っていくレンタカー。忘れたころに現れる遺跡。自然に溶け込んだ歴史を肌に感じながら、雪山を目指していく光景が脳裏に浮かんだ。

「圭くん、もう一つ報告があってさ」
「え？ なになに？ 怪我のことよりもっと重要なこと？」
「うん」
圭くんが電話越しに固唾を飲んでいるのがわかる。
「地球を滑る旅、行きたい国が決まったよ！」
一瞬の沈黙の後、圭くんが高らかに笑う声が聞こえた。
「今回は随分と早いね！ どこさ？」
「うん。ギリシャ…。ギリシャに行こう」

夢にまで見たロードトリップ

「ギリシャ」のお題で連想ゲームをやったら、4つで詰まってしまうくらい、俺たちはギリシャのことを知らなかった。「パルテノン神殿、ギリシャ神話、オリンピック、エーゲ海の島々、え〜っと…」以上。まぁ、多分誰に聞いたとしても、ここにスキーという答えが出てこないことだけは確かだ。ただ、漠然とスキーができることだけは知っていた。地球を滑る旅を始める以前、ある友人がギリシャでスキーをした話を聞いて、ものすごく嫉妬した覚えがあったのだ。ここ数年、3月末や4月の出発だった地球を滑る旅。この時期は、プロスキーヤー稼業としては最も忙しいトップシーズンが終わり、旅の準備にも余裕ができる時期だ。しかし、雪が確実にあるギリシャを考えると、日本のトップシーズンに出発しなければならない。当然、準備に時間がない…ということで、早い時期に目的地が決まっていたにもかかわらず、バッタバッタの準備だった。例によってビンボー旅行の俺たちは、今回も格安航空券の検索サイトで航空券を手配した。が、困ったことに、俺の不注意によってちょっとした罠にはまってしまった。乗り継ぎが良いエティハド航空のドバイ経由アテネ行きの便で、最安値のチケットを購入したつもりだった。しかし、出発の数日前にEチケットをよく見ると…、往路の預け荷物1個まで。復路の預け荷物2個まで…。

「なんでやねん?!」
至極単純な失敗だった。やっすい価格に目が眩んで、細かい条件を見落としていたのだ。こうして俺たちは、成田空港でいきなりチロルチョコ1万個分の価格に相当するの手荷物超過料金を支払うことになったのだった…(涙)。「こんなんなら、ビジネスクラスでも取ればよかったぜ!」とヤケクソ気味に手荷物超過料金を支払うと、それ以外の手続きはなんら問題なく運んだ。今までチェックインカウンターで揉めた原因は、超底辺の航空券の分際で、「ディスカウントして!」と泣きついていたからなのだ。お金を払うこと前提で行くと、何事もすんなり行く。世の中、結局は金か…。今まで、世界をスキーを背負って旅していると、いつのまにかスターアライアンスメンバーの航空会社を利用して、マイルを貯めるようになっていた。北米に行くときは、エア・カナダやユナイテッド航空、ネパールに行くときはタイ航空。ニュージーランドはニュージランド航空、ヨーロッパはルフトハンザやスカンジナビア、スイス航空という具合に。別にマイラーというほどではないけれど、せっかく旅するならば、貯まったマイルを待たせている家族への償いとして還元したいところだ。しかし、

乗り継ぎの関係で、やむなくスターライアンスやワンワールドに加盟していない航空会社を利用することがある。特に地球を滑る旅を始めてからは…。今回も、スターアライアンスメンバーでアテネまでのフライトが就航しているトルコ航空もオリンピック航空も、行き帰りに1日ずつ無駄にしてしまう最悪の乗り継ぎだった。マイルに後ろ髪を引かれながらも、プロスキーヤーたるもの、1日でも現地で滑れる時間が増える選択肢をとるでしょう!!(マイルを期待している奥さんには言えてないけどっ!)
こうして俺たちは、なんだかんだ言いながらも、オイルマネー万歳の最新機材や、美しい客室乗務員に迎えられて、鼻の下を伸ばしながら上機嫌で成田空港を飛び立った。
飛行機はペルシャ湾上空からトルコ上空を経由して、島々が点在する碧いエーゲ海上空に差し掛かった。最も碧い海を想像するとき、いつもエーゲ海のイメージが頭に浮かぶ。そのイメージは青春時代に観た映画「グランブルー」のイメージが大きく影響しているのは間違いない。ジャック・マイヨールのライバルであるエンゾが子供の頃、エーゲ海の離島で、海に潜るシーンが蘇ってきた。青春時代に見たイタリア映画の鮮やかなワンシーンが、未だにエーゲ海のイメージを覆い尽くしている。思えばあの頃から俺は、ずっとイメージ先行型人間だった。高度を下げて行くと、海岸線に白い家が密集して街を形成しているのが見えた。今のところ、見渡す限りスキーができそうな山々は見えない。圭くんが、決まり文句のように言った。

「順調だね」

やはり、ユーロ圏は旅人にとってストレスフリーだ。入国審査は一瞬で終わり、荷物も待たずに出てきた。税関や検疫なんか、存在するかどうかもわからないくらいスルーだった。カシミールに行った時のことを思い出した。あの時は、国内線に乗るだけでも、空港に向かう途中のゲートで3回も荷物検査を受け、空港では軍隊直々に調べられ、荷物に潜ませていた中途半端なエッチ本を没収されるほどの厳戒体制だった。それとは対照的な状況にちょっと戸惑っている自分がいた。確かに、カレーも日本酒も甘口より辛口が好みではあるけれど、旅も辛口が好みになってしまったということだろうか。空港のロビーは観光客で浮かれた雰囲気も、観光客を狙っている輩の絡みつくような視線もなく、至って落ち着いていた。さて、到着して早速、「レンタカーレンタカー!」と急いでしまうのが俺の余裕がな

いところだ。こんな時、圭くんは、「ちょっと飲み物飲もうか」とか「タバコ一服行ってきていい?」という感じで、ワンテンポ余裕を持った行動をとる。圭くんの旅のリズムで行っている時は大抵上手く行くのだ。なにはともあれ、久々のレンタカーに気持ちが高ぶっていた。俺たちのレンタカーの条件はいつも同じだ。いろんな国でレンタカーを借りてきたけれど、「4×4、オートマ、荷物を積める、スノータイヤ」という条件に一発で応えられた国は、アイスランドくらいくらいしかなかった。ギリシャもどうせ…と思っていたけれど、「4×4、オートマ、荷物を積める」までは完璧にクリアしているSuzukiのRVを10日間700ユーロで借りることができた。タイヤだけは、例によってオールシーズンタイヤなる怪しいタイヤだったけど、アイスランドに比べれば、半額に近い安値だった。すっかりはしゃいでいた俺は、さっそく運転席に乗り込み、「さぁ、行きますか〜!」とハンドルを握ると、「タケちゃん、ちょっと待って」と圭くんが言った。そして、車の隅々まで、問題がないかチェックをし始めた。「ん? シガーソケットから電源が来ていないなぁ」「ヒューズが切れてるのかな?」念のため係の人に確認すると、結局違う車に入れ替えることになった。複数のカメラ、携帯電話など、常に電化製品と共に旅をする時代だけに、電源をどう確保するかが重要なポイントなのだ。幾多の旅を経験して、うっかり者の俺たちも少しは周到になった。「さすが圭くん!」と俺は絶賛した。O型で次男の俺は直感的で大雑把。こういう細かい部分は、A型で長男の圭くんに頼る部分が大きいのだ。今回、圭くんは成田空港で海外で使えるSIMを契約して来た。旅に役立つアプリがたくさんあって、旅行用の地図や山用の地図上に現在地がいつも確認できる。通貨のことや、宿泊の予約など、何から何までWi-Fiさえあれば円滑に行く。ダイヤル回線でEメールするだけで、設定に何時間もかかっていた20年前とは、時代が違うのだ。このままだと、旅行代理店は消滅してしまうのではないだろうか。
「よし! レッツゴ〜!」と勢いが良いのは口だけで、ノロノロ運転で空港の駐車場を後にした。久々の左ハンドルなので、やたらと肩に力が入る。ウィンカーと間違えて、何度もワイパーを動かしてしまうのがちょっと照れるけど、その度に「雨降ってきた?」と圭くんが律儀にツッコミを入れてくれた。3〜4車線の広いバイパスがギリシャの主要都市を結んでいる。パルテノン神殿が俺たちを呼んでいる気もしたけど、アテネの街を経由せず、そのまま山岳エリアに向けて車を走らせることにした。レバノンやモロッコで手に汗を握って運転した

記憶が蘇った。今思うと、海外ではアメリカやカナダでしか運転したことがなかったのに、いきなりレバノンのカオスな交通事情に突っ込んだのは怖いもの知らずだったし、モロッコの迷宮のような旧市街にレンタカーで突っ込んだのは、あまりにも無謀だった。あの時の失敗から、「レンタカーでは絶対に旧市街に近づかない」という俺たちなりのルールが出来上がったのだ。バイパスを飛ばしながら、「これがヨーロッパなのか…」と今更ながら思っていた。まず、ヨーロッパといえば先進国。先進国といえば都会を連想するけれど、実際は人口密度が全然高くないことに気づく。さらに、インフラがものすごく整っているので、交通渋滞が少ない。アジアの場合は逆だ。インフラがちっとも整っていないのに、人口が多すぎ、さらには交通のマナーときたら、目を覆いたくなるような惨状なのだ。こんなにリラックスした気持ちで地球を滑る旅初日の移動をしていることが信じ難かった。ただ…、一つだけ言わせてもらって良いだろうか。「バイパスの料金所が多すぎるんだよ！」ちょっと走ったら料金所。もう少し行ったらまた料金所。「電車の駅じゃないんだから！」いかにも景気が悪い国がやりそうなことだ。せっかくの爽快なドライブに水を差された気分だった。

2時間ほど北に移動してからバイパスを降りると、バイパスならではの単調な景色が一変して、ヨーロッパの田舎を絵に描いたような牧歌的な風景が車窓に広がり始めた。やがて、丘陵地に入ると、視界全てを岩と木とのモザイクが覆い、徐々に荒々しい岩肌が目立つようになってきた。「ぐんぐん登ってるね」気が付けば谷をはるか下に見下ろすほどの高度まで上がって来ていた。日が傾き、谷間から夕闇が這い上がってきた。まるでアメリカのアイダホのような人の気配がない丘陵地をひた走っていただけに、忽然と街が現れた時には思わず声が出た。

「うわ〜！ギリシャだ！」初めて海外旅行に出た小学生が最初に発しそうな一言に集約されていた。車の助手席でカメラを構えるのが、圭くんの撮影スタイルだ。落ち着かないんじゃないかと思うけど、その一瞬の出会いを切り取ることや、飾らない人々を切り取るのが好きなのだという。インドやモロッコでは、道ゆく人々全てが、映画にでも出て来そうな雰囲気を纏っていて、圭くんは常にカメラを構えていたけれど、ギリシャは洗練されすぎているのか、「全然撮りたいものがないな〜」と少し退屈そうに笑っていたのだ。まさにギリシャという赤茶の屋根の家々が岸壁に寄り添うようにして街を形成していた。

石畳の狭い路地に車を乗り入れると、ヨーロッパらしい古い石造りの家々や、雪の結晶をデザインした可愛らしいライトアップの中をくぐり抜けていく。圭くんのシャッター音が響く。いつもの旅が始まったと思った。

俺たちが予約している宿は、そこから8kmほど離れた小さな街の外れにあった。「ここかな…？」と宿の前で車を減速した瞬間、宿の主人が待ち構えていたかのように外に出て来て、車を停める場所を教えてくれた。長身で初老の主人は、ギリシャ人のイメージとは相反するせっかちなタイプで、何から何まで気遣ってくれた。それにしても、ギリシャについてからというもの、出会う人みんな愛想が良いし、

お節介なくらい親切だ。あまりにも出来すぎた旅の始まりを、今日は全てありがたく受け取ることにしよう。長旅の疲れはあるけれど、ギリシャへの好奇心でいっぱいの俺たちは、チェックインを済ませてすぐに宿を飛び出し、石畳の坂を下ってメインストリートへ向かった。宿の主人お薦めのギリシャ料理の店に行き、早速地球の歩き方に掲載されている料理3品と、お酒2種類をオーダーした。食材の味を生かした、シンプルな味付け。それは、新鮮で上質の食材があってこそだろう。イタリアとトルコの間に位置する国だ。料理が美味くないわけがない。

ゼウスの気まぐれ

朝目覚めると4時。いつものちょっとした時差ボケに、地球を滑る旅が始まったんだな〜という実感が込み上げてくる。ちなみに圭くんは2時に目覚めたらしい。これもいつものことだ（笑）。雨上がりの澄んだ空気が山麓の街を甘く満たし、街のいたるところで桜の花にそっくりなアーモンドの花が満開を迎えていた。冬だと思って訪れたギリシャは、すでに春を迎えているようだ。俺と圭くんはアーモンドの花を知らなかったので、ずっと桜だと思い込んでいた。スーパーで購入したアーモンドチョコレートのパッケージにアーモンドの花がデザインされているのを見て、「なんで桜なんだろうね？ 桜味なのかな」と笑っていたのだが、今思うと本当にマヌケだ。

レンタカーは、崖を削り出して作った道を颯爽と走り抜けていく。ネパールやインドだったら、このような崖を切り出して作った道路は、路肩が崩れていたり、落石がゴロゴロしていたり、川が横切ったりしているのが当たり前だし、もちろん？ ガードレールもないのだが、さすがはヨーロッパだ。崖の道も綺麗に整備され、平均90キロで走行可能だった。

崖の道を登りきると、山の上は予想外に広大な台地になっていて、別荘が点在する流行っていない新興のリゾート地と言う感じだった。台地をしばらく突っ切ったところから、右に折れたところから本格的な山道のスタートだ。道脇にチラホラと雪が見え始め、なんとかスキーができることを確信する。俺たちにとって、このスキートリップを成功とする最低ラインは非常に低い。天候や雪質がどうであろうと、それは旅の味のようなもので、その時々の出会いを表現するのが、短期間の旅ならではの「生感覚」であり、良さだと思っているからだ。ひとまず、雪さえあればなんとかなる。いや、今まで、雪がなくてもなんとかしてきたのだ。

道脇には日本にはない特徴的な細長い針葉樹が徐々に目立ち始めた。路肩の雪の厚みも徐々に増えて来て、期待が膨らんでくるけれど、辺りはミルクのように濃い霧に覆われ、どこに山があってどんな表情なのか、全くイメージが湧いてこなかった。色々と想像を膨らませるには良い機会だ。最初からピーカンに恵まれるのも良いけど、こんなスキーの始まりも悪くない。しかし、濃霧でテンションが上がるカメラマンなんているわけがない。当然圭くんの目は虚ろだったけど、「山は行ってみなければわからない」という誰かが語った格言？もあるし、まずは行ってみることにした。そもそも、スキーヤーにとって悪い条件はないというのが俺のモットーなのだ。

スキー場のリフトチケット売り場もゴンドラも、日本以上に近代的な施設が整っていた。スキーヤーとスノーボーダーが半々くらい。世界のいろいろなスキー場の中で、比較的スノーボードの割合が多い方かもしれない。スキーヤーの用具を見れば、だいたいその国のスキーヤーのレベルや、遊び方がわかる。ほとんどのスキーヤーが普通のカービングスキー。出で立ちや歩き方からしても、スキーの技術レベルはモロッコ以上ロシア未満といったところだ。それに、ファットスキーを履いた人がほとんどいない。バックカントリースキーヤーはこの国でも希少種なのだろう。ゲレンデからちょっと奥のBCを攻めたい俺たちにとって、それは好都合だ。

ゴンドラを2つ乗り継いで行くと、次第に濃霧が開け始め、景観が広がって来た。比較的緩やかなゲレンデの右手に、スキー場のシンボルとでもいうべき、ピラミッドのような存在感のある山がデンと居座っている。ゴンドラピークに立つと、今度は奥のエリアのガスがス〜ッと開け始めた。

「なんてタイミングがいいんだ？ さすが俺たち！」自惚れながら裏山を眺めていると、一人の女性スノーボーダーに話しかけられた。「どこから来たの？」「日本だよ」「え〜っ！ 随分遠くからきたわね！ まさかスキーが目的で来たの？」「う〜ん。観光と半々で」「ふ〜ん（物好きね！）。バックカントリーに行くの？」「うん、行きたいと思っているけど」すると、彼女は山を指差しながら、いくつかのルートを教えてくれた。さほど大きな斜面ではないけれど、ギリシャっぽい灰色の岩とウィンドリップが混ざった美しい地形があり、結構斜度がある斜面もある。撮影初日のスタジオとしては申し分なしだ。

早速スキーにシールを貼る作業を始めると、俺の脇を大きな犬が通り過ぎた。その後ろから、年代物の山スキーを履いたおじさんが、軽々と斜面を登り、あっという間に見えなくなった。なんだか嬉しくなって、犬の足跡を辿って登って行く。雪は北海道のようなサラサラパウダーとは言えないけれど、スピードをつけて滑れば、なんとかスプレーが上がるくらいの雪質だ。海外スキーでこの条件は、上質な雪の類に入る。気温が高いからか、稜線も凍りついておらず、しっかりシールを効かせて登ることができた。そして、俺が足を一歩進めるたびに、空はみるみる晴れ上がって行った。

いよいよギリシャでのスキー滑走1本目。俺は、この瞬間をとても大事にしている。

特別な一本にするため、まるで神聖な儀式のように丁寧にルーティンを行なって、その特別感を楽しむのだ。平凡な日常の中に、様々な儀式があることで初心に還れるのと同じように、いつもなら流れでやってしまう準備を、少しだけ時間をかけて、用具一つ一つに感謝の気持ちを込めながら行う。いつもより丁寧にブーツのバックルを締める。いつもよりゆっくりゴーグルをセットする…。数多くの神話が伝わる神々の土地で、俺は今まさにスキーをしようとしている。

日本を出発する前、ギリシャ神話について少しは知っておこうと、何冊かの本を紐解いた。日本人として、神々のイメージとは「完璧な姿」。ところが、ギリシャ神話に出てくる神々は、怨恨、嫉妬、暴力、浮気など、人間の悪い部分が剥き出しとなったようなキャラクターばかりで、愕然としてしまった。雪山に関係している神といえば、神々の頂点に君臨し、嵐や雲、雷を司る神でもあるゼウスだが、ゼウスは浮気常習犯としても有名だ。超絶に嫉妬深いヘラを正妻に持ちながら、女性であれば神、人間問わず、動物に変身してまで追い回した上、孕ませるという昼のメロドラマでも描かれないほど酷い行為を繰り返している。しかも全然反省していないときたもんだ。何だか、俺がイメージする神の姿と大分違うけど、移り気なゼウスによって、天候でも振り回されそうな予感でいっぱいだ。同時に、神の存在が変に身近に感じている自分もいた。この「すごいけど、どうしようもない部分もあって、憎めないカリスマ性」がこの国でギリシャ神話の神々が今もなお愛され続けている所以なのかもしれない。

「準備できたら手を振って合図お願いしま〜す」と言って、ポケットに無線をねじ込んだ。圭くんが大きく手を振るのを確認すると、もう1回深呼吸してから斜面に飛び込んだ。ギリシャの1本目は、なんとも言えない粘り雪。北海道と全然違うからこそ嬉しいのだ。気を良くした俺と圭くんは、テンポを上げて撮影の本気モードに入った。

ところが、晴れたと思っていたら、滑るタイミングで曇る。待って待って諦めて降りてくると晴れる。再び登って準備をすると、また曇る。笑っちゃうくらいタイミングが合わず、結局最初の一本しかまともに撮影できなかった。俺には、ゼウスのいたずらにしか思えなかった。

「もっと良いところが見たかったら、もう一度山に来い。その時は良い思いさせてやるよ。気が向いたらな」そのように言われているような気がしてならなかった。

翌朝、宿を出ると薪ストーブの燃える匂いと牧草の饐えた臭いが立ち込めていた。昨日より幾分空気がひんやりしている。ずっと雨の予報が少し変わり、今日は晴れのち雨だという。下界は雲が多かったけれど、スキー場の方角の空を見上げると、透き通った青空が開き始めていた。昨日運転した道はなぜこんなに走りやすいのだろうか。広瀬香美の「ゲレンデがとけるほど恋したい」を歌いながら、峠のカーブを曲がりきると、突然視界に眩しすぎる光の巨大な塊が飛び込んで来た。「す、すげぇ…」あまりにも眩しすぎ、それが雪山だと認識するのに時間がかかってしまった。「あれって昨日滑った山…だよね？」圭くんがカメラを構えるのを忘れて呟いた。計画当初、実は半信半疑な部分があったのだ。ギリシャは独自の文化を持ち、独自の景観があり、重厚な歴史があり、美しい国なのは知っている。では、雪山はどうだろうか。地中海性気候のこの地域は冬が雨季なので、比較的温暖でも山間部には豊富に雪が降ると言われている。しかし、どうしてもギリシャと言えば島々と青い海でイメージが埋め尽くされてしまう。だからこそ、この衝撃的な雪山の景色にスキーヤー魂が震えるのを感じていた。俺と圭くんは駐車場に到着するや否や、プールに入る直前の小学生のように、いつになくテキパキと用意して、ゴンドラを乗り継いで、昨日の撮影ポイントに急いだ。
さすがのゼウスも、連日通って来たのだから、少しくらいは容赦してくれるだろう。昨日よりかなり気温が低かったので、ゲレンデはガリガリに凍ったコンディションだった。バックカントリーも同じような条件ならば、昨日企んだアドレナリン分泌系のラインは断念しなければならないかもしれなかった。しかし、足慣らし的な1本目。思った以上に雪がキープされていることを悟った。ウィンドパックされた雪はしっかりスキーのエッジが食いついてくれるし、斜度があればなんとかスプレーが上がるくらいの条件だ。これならば、あの斜面もいけるかもしれない。
俺「次はあのライン、行っちゃおうかな」圭「…オッケー！ 上に行って、雪が硬くて危険だったら遠慮なく中止してね」
昨日、この山々を初めて眺めた時から、圭くんがずっとその斜面に釘付けになっていたことには気づいていた。リスクの高い斜面なので、圭くんはあえて平静を装って、俺にプレッシャーをかけないようにしているようだけど、無線越しにも鼻息の荒さが伝わってきていた。
その斜面は崖の中にあった。
巨大な岩壁の脇に、かろうじてしがみついているような斜面だ。ライン

を間違えれば、100m程の断崖から真っ逆さま。最近スキーベースジャンパーとして名を馳せている青森の佐々木大輔に勧めたい斜面だ。普通ならチョイスしない斜面だけど、コンディションが良ければ行くチャンスがあると思っていたし、この山域で最も美しいラインなのも明白だった。今まで経験してきた幾多の斜面の中で、標高差自体は大した斜面ではない。だけど、アラスカに毎年通っていた10年前に比べて、このような急斜面と対峙する機会が減っている分、高度感に圧倒されそうな自分がいた。
10年前、毎日のように急斜面や大斜面を滑っていた俺は、過酷な状況に慣れることで、いつのまにか強くなっていた。この「慣れ」という名の感覚の麻痺は、危険な斜面を滑走する自分を信じ抜く上でとても重要なのだ。
俺は、できる限り10年前の麻痺を呼び起こし、斜面をメイクするイメージを高めるよう努めた。しかし、エントリーするポイントから覗き込んでも、遥か数百メートル下にある谷底しか見えない。これで恐怖を感じなかったら、ただの変態だ。
余談だけど、俺の周囲には、デナリ滑走で有名になった札幌の佐々木大輔を筆頭に高所に対する恐怖心が欠落した友人が何人もいたので、俺はしばらくの間、自分が高所恐怖症だと思い込んでいた。しかし、一般の人と山に行くようになってから、自分はかなり高いところが平気な人間だということがわかった。
「圭くん、確認だけど、ここからトラバースすれば、目当ての滑り出しポイントに出られるかな？」周到にインスペクションしていても、斜面自体が見えないからには、一応確認をとっておいてしかるべきだ。
「大丈夫だよ。ここから撮ったらかっこよすぎるわ」圭くんの創作意欲と興奮が、その口調からも伝わってくる。
小学生の時、特大のクワガタを見つけて、そーっと手を伸ばした時の気持ちを思い出した。あとは滑り込めば傑作が確実に生まれるという瞬間。長年撮影をしているけど、こういう状況はそうそうあるものではない。だからこそ、確実に成功させたいと思った。
高度感でお尻の穴がムズムズするような感覚も、スキーを装着すると不思議に収まった。雪の感触を確かめながら、じりじりと前に出て行く。稜線上は風が当たるので、カチカチなのを覚悟していたけど、気温が低くないからか、意外にもエッジがしっかり食い込んでくれた。この感じならば、北斜面に当たる例の斜面も、アイスバーンということはないだろう。あと、気にしなければならないのは、仮に表層の

雪が流れたときのことだ。想像している斜度と雪質ならば、しっかりコントロールして滑る自信はある。しかし、もし表層が流れて、それに足を取られて滑落するようなことがあったら、命はないだろう。最近積もった雪ではないし、他の斜面を滑った状況から見ても、例の斜面で表層雪崩が起こる確率は低いだろう。少しづつ斜面が見えて来た。フォールライン方向は断崖。滑りながら針路をやや右に修正しなければ崖の餌食となる。ただし、あまりはやく右に逃げてしまうと、写真的に面白くない。そのバランスが難しいところだ。これは、2ターンくらい滑ってから、早めに逃げるか、しばらく粘るかを決めることにしよう。
「たけちゃん、こっちは準備オッケーです」
圭くんが自らを落ち着かせるような口調で言った。俺は完全に集中できていて、失敗するイメージを全て排除することができていた。このような斜面を滑るとき、いかに雑念を排除して、成功するピュアなイメージだけに支配されるようメンタルを持っていけるかがポイントになってくる。そのような状況を俯瞰できていることも、自分が冷静である証拠だ。
「よし！」俺は、自信を持って斜面に踊り出した。
まず、1ターン目で雪の状況を完璧に把握する。雪質を探る試しのターンを繰り返すのは、撮影的に勿体無いからだ。雪の表面は柔らかいけど中は適度にしまっていて、流雪が綺麗に流れて行く。この雪ならば滑落はない！ あと、気をつけるべきは流雪の対処だ。地形的に流雪は崖下方向に流れる向きだ。
自分がやや右に針路をとって滑り続けるぶんには大丈夫だろう。完璧にコントロールされたミドルターンを4ターンし、日陰に入るところから大きく右に入った。この先はもう大丈夫だ。
スピードを上げてリズムよくショートターンを刻む。集中が極限に達し、ラインがすっきりと見えてくる。雪面は綺麗。ボトムまでデブリもないし、地形的な罠もない。こらならいける！！ そこから一気にスピードをあげ、なめらかなボウルに向けて、飛び込むように滑り込んで行った。緊張感から解放されるとともに、達成した充実感、実際に滑走して感じるこの上ない爽快感がドッと押し寄せてきた。脳みそからアドレナリンやらドーパミンがドクドクと分泌される音が聞こえた。
「フォオ〜〜〜〜！」
俺は久々に空に向かって吠えた。

今シーズンが危ぶまれる8月の怪我。不安が残りながら少しずつ調子を上げ、ようやく本来の自分に帰れたんだと思えた瞬間だった。
やっぱりスキーが最高だ！
「たけちゃん、最高！ 余裕すぎるくらいだったでしょ！」
無線から圭くんが饒舌に語る声が聞こえた。圭くんの口調から、この一瞬が自分のスキー人生にくっきり残る一瞬になったことを直感していた。

このスキー場の可能性はまだまだ残っている。
天候が良ければ、スキーで踏破したいピークがまだまだあるし、魅力的なラインがある。山の裏側には海をバックに滑れる斜面もある。ただ、明日からはしばらく雨の予報だけに、いつまでもここに留まっているのは日程的に勿体無い。他のスキー場もやって時間が余ったら、再び戻ってこようじゃないか。
スキー場山麓の街、アラホヴァはまさに空中都市といった景観だった。下界にはオリーブ畑が海のように広がり、その奥にエーゲ海の内湾沿いにあるイテアの街を望むことができた。何かの映画で見たファンタジーのような世界。太陽から差し込んだ閃光がうっすらとかかった靄に反射して、より神々しい景観を紡ぎ出していた。
太陽が地平線を掠める頃、俺たちは今日投宿する宿がある港町パトラに向かって車を走らせた。夜の帳が降りてからも、空には青い光が残り、うっすら反射する海面の静けさを感じながら車はひた走る。時折現れる街の光が、まるでホタルの光のように、瞬いているのが印象的だった。
海峡を渡る大きな橋を越えると、一転して大都会に変わった。
俺たちの宿はパトラの中心地にあるのだ。こんなに大都会だと知っていたら、もっと郊外に宿をとったんだけど…郊外の静けさと対照的な街の喧騒に、俺も圭くんも目を白黒させていた。ここの港はイタリアとをつなぐ玄関口なのだ。確かに、なんとなく雰囲気がイタリア的な感じも？ まぁ、いろいろ含めて旅の面白みだ。

修羅場ときどき楽園

どす黒い雲が空を覆い、雷鳴とともに激しい雨が窓ガラスに突き刺さる。天気予報が完璧に当たった。まるで南国のスコールのように、大気がソワソワしている。ギリシャに着いてから3日間、ひっきりなしに動き回っていたことだし、骨休めとしては嬉しい雨だ。土砂降りの雨が降ると、良い意味で諦めがつき、精神的に落ち着くのは俺だけだろうか。

ところで、何気なく予約したホテルだったけど、スタッフのホスピタリティが抜群で、客室は清潔。朝食も付いていて1泊一人3,000円という激安プライス。もっと驚いたのは、チェックアウト時間が12時だというのに、チェックインが13時から可能だということだった。「一体どうやってベットメイクをしているんだ?」世界の摩訶不思議がまた一つ増えた気分だった。

ギリシャに来てからというもの、ホテルにしろ、レストランにしろ、どこに行ってもスタッフの愛想の良さと親切ぶりに驚いている。日本もサービスが良いと言われるけど、それは国民的な真面目さが根底にあると思う。ギリシャの場合、個人個人が世話焼きで、居ても立っても居られない様子なのだ。インドに行った時、いかに人を騙してお金をとるかを考えている人ばかりだった。でも、深刻な貧困の中で生き抜くことを考えると、やむを得ないと思ってしまう状況ではあった。2010年に経済破綻したギリシャの経済状況は、今もなお最悪の状態である。そんな中で、人に親切にできる心。これは、宗教的なものなのか、文化的なものなのか、教育なのか…。ちょっと突き止めてみたいという好奇心にかられた。

車はパトラの喧騒を抜けて、ヤシの木が並ぶ海岸線を東へ。1時間ほど走ったところにあるディアコプトという小さな街にやって来た。緑が多い小さな半島に、赤茶色の屋根の家屋がバランスよく建ち、青い海が囲む楽園のような街だ。街に車を乗り入れると、道路脇でたわわに実っているレモンやオレンジの鮮やかな色彩が歓迎してくれた。街の中には人通りも、車通りも少なく、猫がいたるところでゆったり身体を伸ばしていた。ギリシャらしい、のんびりした時間の流れを感じさせる象徴的な光景だった。

ディアコプトから海岸線を右に折れ、急峻な峠に向かって車を走らせる。内陸に入るに従って、道路は九十九折の急峻な山道に変わっていった。あいにくの濃霧だけど、視界が良かったら海を隔てて遠く対岸の山々を見渡せる絶景なのだろう。次第にロッククライミングに

も良さそうな、垂直の断崖が折り重なる景色が見えるようになったかと思うと、チラホラと貫禄のある歴史的な修道院が現れ始めた。「車、止めようか?」と圭くんに問いかけると、「いいや、寄らなくていいや」とあっさりした答えが帰って来た。圭くんはやはりアーティストだ。誰もが記念写真を撮ろうと思うものにほとんど興味がないのだ。本の構成として必要なものに関しては、俺からお願いして撮ってもらったりするけれど、圭くんが切り取るものは、意外なものが多い。そして、実際に写真になったものを見た時、「なるほど。さすが」となる。世界遺産なども豪快にスルーするあたりは、俺のような貧乏性の男とは器が違う部分だ。1時間ほどでカラブリタの可愛らしい街並みが見えて来た。コーヒーが頭をよぎったけれど、街をスルーしてさらに山道を行く。対向車が来たら一体どうしたら良いんだろう? と考えてみたが、答えが出ない超急斜面の細道だ。ハンドルをいっぱいに切るくらいの急カーブを、アクセルをベタ踏みして、エンジンをふかして登って行った。「本当に雪なんてあるのかな?」と、多分俺は呟いていた。

ナビではあと10kmくらいでスキー場となっているけれど、雪の存在どころか、道路脇には依然として暖かい地域の植物が活き活きしているので、全くもって冬を感じさせないのだ。そう考えると、海抜0mから厳冬期な札幌はすごいと思う。

と、その時。「うおおお!」またしても完全に不意打ちだった。今日は絶対に天気が悪いと思っていたもんだから、山なんて見えないだろうと油断をしていた。そんな折、黒々とした松の森のさらに上の世界に、純白に光る峰々が突如現れたのだ。

パルナッソスの山々が丘のようになだらかなシルエットだったのに対し、「山」という漢字がいくつも並んでいるかのような山並みだった。それは、明らかにスキーに向いている山だった。「それにしたって、こんなところまでスキーに来る人なんているのか?」と思いながらスキー場に到着した俺たちを待っていたのは、思いがけない光景だった。

初心者用のロープトゥーでは、YOU TUBEにハプニング映像として投稿したくなるような、コメディータッチの大転倒を繰り返している人々。コース脇のソリ用ゲレンデでは、ブレーキ付きのソリなのに、ブレーキをかけない子供達が、ネットや雪山に突き刺さっていく。レストランでは大音量で音楽が響き、スキーセンター前では、雪上のバレーボール大会が開催されていた。様々な食品メーカーがブース

を出し、美しいギリシャガールズが、サンプルを配布している。おまけに、バグジャンプに飛び降りる、度胸試しのアクティビティまで充実しているときたもんだ。スキーエリアのどこを見ても、笑顔、笑顔、笑顔! そこは、まるで野外フェスのような熱狂に包まれていた。「ギリシャのスキー熱、すごいじゃん!」いつも同じことを思うけれど、やっぱり雪の力は偉大だ。

俺たちは、このスキー場が大いに気に入り、山麓の街カラブリタに2泊分のホテルを予約したのだった。

ギリシャの熱いスキーを味わいに、再び山道を登ってきた。しかし、あと5分くらいでスキー場の営業が始まるはずなのに、リフトの試運転をやる気配すらなかった。駐車場にもスタッフの車が数台停まっているだけ。スキー場全体がお祭り騒ぎだった一昨日とはまるで違うスキー場に来たようだった。「やばいよね。これ…」俺と圭くんは、切り裂くような風に怖気付き、しばらく車の中で雲の流れを眺めていた。すると、時折晴れ間が来て、スキー場脇にある斜面を照らした。強風で舞い上がった雪と、木々の影が幻想的な風景を映し出していた。これなら何かやれるかもしれない。スキー場に期待するのはやめて、俺は圭くんに提案した。

「とりあえず、先に登っていってみるよ。もしもできそうだったらやろう!」シールを付けて登り始めると、すぐに気付いた。雪の条件が只事じゃないのだ。豪雪の直後の烈風が生み出した斜面は、スキーで優しく歩けば埋まらず、スキーで強く踏み込むと膝まで埋まる完全なモナカだった。これは、さすがの悪雪フェチでも戸惑う条件だ。俺は、この雪の攻略法が全く見出せないまま、とりあえず前進して行った。瞬間的には風速30m近くあるんじゃないだろうか。強く吹き出すと、転ばずに立っているだけでも精一杯。それでも風が少し止むタイミングを見計らってスタスタと進む様は、まるで一人でダルマさんが転んだをやっているのようだ。たくさんの時間とお金をかけてこんな遠い国まで来て、どうやって滑っていいかも分からない雪を踏みしめ、烈風に耐えながら黙々と登っている自分。しかし、厳しい気象条件は、俺にとっては生きている実感をよりリアルに感じさせてくれるスパイス以外の何者でもないのだ。風は相変わらず強かったけど、滑り出そうとするタイミングで光が斜面に注ぎ込んでくれた。どんな気象現象にも、いちいち神々の意思を感じてしまう国だ。

俺は、神様に一礼して、斜面に躍り出た。序盤のシュカブラが思った

よりも柔らかかったので、斜面の下部に見えていた面ツルの美しいバンクにスピードに乗って突入していった。しかし、気持ち良さそうなのは見掛け倒しで、凍りついたプールに飛び込んだ水泳選手の気分だった。スキーががっちりはまり込み、ターンができない！
「おぉぉぉおおぉぉおお！！」俺は、コメカミに青筋を立て、目を充血させながら、ガリンコ号のようにクラストを切り裂いて、強引にターンを刻んで行った。なんとか無事に滑り終えて、安堵しながら肩で息をしていると、圭くんから無線が入った。「1mmもスプレー上がってないよ」これを反省して2本目、今度はなるべく縦に踏み込まず、表面を撫でるようにズラす作戦を試みた。すると、今朝からの強風で飛ばされて来て、うっすら数ミリ積もっている細かい雪の粒が舞い上がり、それが風によってドラゴンのように巨大化するという、スプレーアーティストにはたまらない状況となった。「すごいスプレーだよ！」さっきとは打って変わって興奮する圭くん。同じ斜面でも、滑り方ひとつでこんなにも変わるのだ。長年スキーをしてきたけど、ここまで顕著なのは初めての体験だった。
「やっべ～！ おもしれ～！」
強風の中で何本か遊んだ後、珍しく晴れ間が広がり始めた。スキーエリアを挟んで対面のなめらかなピークに、誰が見ても魅力的な斜面があった。ただ、「ちょっと行ってみよるよ」と言うには、結構遠い斜面だった。通常はリフトを2本乗り継ぎ、さらに横に大きくトラバースして、ようやく辿り着ける場所なのだが、何せ今日はリフトが1本も動いていない。つまりゼロからのハイクだから、短く見積もっても1時間半はかかるだろう。でも、スキー場が営業していないメリットの方が大きかった。なめらかな斜面はノートラックでそのなめらかで美人の素肌のような斜面を惜しげも無く晒していたのだ。
「ちょっと行ってみるよ(笑)」
山頂から見ると、斜面はさらに広大だった。さっき滑ったウィンドクラストの斜面とは逆向きなので、風の影響を受けず、ふんわりと新雪が積もっていた。もしここが北海道だったとしても、パウダーに余裕で認定できる素晴らしい雪。南国イメージと風の強さで有名なここで、こんなにも良い雪を滑れるとは、正直思ってもみなかったし、期待もしていなかった。最近は癖がある雪が好みとは言ってはいるけど、やはり雪が良ければパフォーマンスが上がり、良い写真も撮れるのだ。俺も圭くんもその恩恵を身体いっぱいで享受しようと心をフルオープンに解放した。

あまりにも広すぎて、滑走するラインを圭くんに説明するのがバカらしく思えた。山奥までハイクすれば、このような斜面に出会う機会は多いかもしれないけれど、ここがスキー場のサイドだということが、さらに価値を高めている。毎回念を押すように言っているが、地球を滑る旅は冒険ではない。人間臭さが垣間見えるゲレンデから、少し足を伸ばしただけで、「え？ これどこ？」というロケーションがあったりする。そんな穴場を探る旅なのだ。
圭くんがどこでカメラを構えているのか、皆目見当がつかないほど離れている。俺はただ自分の滑りに集中するだけだ。このような広大な斜面を滑るとき、考えることは一つ。大自然のスケール感に似合うターン弧とスピード。そこに一切の小細工は必要ない。滑り出して1ターン目、少しだけ硬めのパウダーをソフトタッチで踏みながらスピードに乗って行く。できる限り大きなターンでいて、間延びしないターン。これが結構難しい。自分の今まで培ったスキー技術と経験とでターンを紡いでいく。やがて針葉樹のシュートに吸い込まれるが、そのままフォールラインに落下してく快感を止められなかった。
「どこまでも永遠に滑走し続けたい」
それ以外に何もいらなかった。

幻のスキー場

天気予報を見てその日の宿を決めるという、風来坊な旅のスタイルが板についてきた。何しろ、天気に左右されすぎて、自分たちの都合がまったく通用しないのだ。こうして、俺たちは、まるで漂流するかのように、ギリシャ中部のアグリニオという町に辿り着いた。アグリニオは人口10万人という小さな街なのに、中心部にはH&MやらGUCCIやら、俺にはまったく縁のないお店が軒を連ねる小洒落た街だった。朝起きて、街角のベーカリーでサンドイッチを買って、それを近くのコーヒーショップに持ち込んで朝食にした。朝7時半の街は仕事をリタイヤしたおじいさんたちの時間だ。おじいさんたちは、コーヒーショップに立ち寄ってエスプレッソを1杯頼み、仲間と談笑する。ギリシャには、「コーヒー占い」があると聞いたことがある。もしかしたら、おじいさんたちは、一杯のコーヒーを眺めながら、色々と談義しているのかもしれない。

今日は風が強いことで有名なギリシャでも、最も風が強くなる予報だった。急いでスキー場を目指しても、おそらく午前中はスキーにならないだろうし、スキー場も営業できるような状況ではないだろう。俺たちが目指すのは、アグリニオから北東へ2時間半。山の奥地にある山岳リゾート、カルペニシだ。カルペニシはたぶん有名な山岳リゾートなんだろうけど、日本のガイドブックには名前すら掲載されていない。一方、アイランドリゾートの情報ときたら過剰なくらいで、お土産やカフェの情報など、旅好き女子に好まれる情報で占められている。全ての旅行者が山より海が好きだと思ってないか？（怒）

出発して15分。最初の峠道で、道路脇にたくさんの土砂や落石が散らかっていることに気づいた。ちょっと不安を感じながらもそのまま突き進むと、重機や大型トラックがまさに道路を復旧しているところに差し掛かった。さらに粘って進むと、そこは通行止めだった…。

ここ数日間、集中豪雨が何度もあった。昨晩も激しい雷と豪雨があり、ホテルの部屋にいても少し怖いくらいだったのだ。俺たちはこれに懲りて、少しでも主要な道を使ってカルペニシに向かう作戦にでた。予定より1時間くらい多めにかかってしまうけど、安全第一だ。だいたい、山道を走っている時、いつ落石が来るかもわからず、逆に、いつ大崩落があったとしても「やっぱり」と思ってしまいそうな道ばかりなのだ。そんな中でも、たまには癒しもある。蜂の巣箱が並ぶオリーブ畑。ヤギや牛を放牧するスタイル満点の農夫。ターコイズブルーの湖の向こうには、オーストリアやスイスを思わせる美しい雪山がいくつも見渡すことができた。やがて、道路は勾配を増し、

次第に道路脇に雪が目立ち始めた。俺たちは、相変わらずオールシーズンタイヤで誤魔化しているので、いつ圧雪アイスバーンになるんじゃないかと、ヒヤヒヤしながらの運転が続いた。こんな険しい道の向こうに山岳リゾートなんてあるのかよ！ と猜疑心の塊になっていたけれど、最後の峠を過ぎると、そこは広大な盆地になっていた。「ここがカルペニシ…か」忽然と姿を現した小さなリゾートタウンのすぐ背後に巨大な雪山が聳り立っていた。今まで行った南国のスキー場は、人里離れた山奥にひっそりと佇んでいるのが当たり前だったので、スキー場の麓におしゃれな街があるだんて、考えもしなかった。「風が強そうだけど、ひとまずスキーセンターに行ってみようよ」と提案したのは俺だった。

俺は、とにかくスキー場という場所が大好きなのだ。スキーが好きな人が集まり、雪の上で笑っている人がいる。ゲレ食も好きだし、スキーコースを眺めるのも好きなのだ。スキー場の山頂が見えてきたとき、俺は思わず仰け反ってしまった。「マジかよ…」一瞬、エベレスト山頂を見ている錯覚をおぼえた。重力の存在を無視した雪煙のたなびき方が、尋常じゃない風の強さを力強く物語っていた。昨日の風速30m弱の風にビビっていた自分が恥ずかしくなるくらいだ。あの山頂は、優に風速40mを超えているに違いない。

俺「今、山頂に行ったら、98％死ぬだろうね」圭「俺もそう思う」

スキー場もバカではない。スキーセンターに行く道のゲートが閉ざされていたのだ。雲がない快晴なのに、風が強いというだけで、スキー場を全てクローズしなければならないほどの天気。明日、雪山が風のいたずらによってどのような状況になっているのか、今からちょっと怖い…。

翌朝も雲行きが怪しかった。外気温はマイナス6度を下回り、町中の煙突から薪ストーブの煙が立ち込めている。

南ヨーロッパらしい赤茶けた屋根の上にある煙突には、黒いシギに似せたモニュメントのようなものがある。ずっと「なんだろう？」と不思議に思っていたのだけど、どうやら雪が煙突に詰まるのを防ぐためのものらしい。風が吹くと、シギが向きを変え、ちょうど雪が入らないようになっている。機能的かつ芸術的。やっぱり、ヨーロッパの人々とアジアの人々では考え方というか、感性が違うように思う。俺たちが泊まっているホテルはそれなりに歴史のあるホテルなのだろう。大理石や木の深みと、装飾の雰囲気、エレベーターなどの古さ

から十分にうかがえた。施設の古さと似合っている老夫婦のホストが、遥か遠い日本から訪れた客が、天候に恵まれずに右往左往しているのを気の毒に思ったのか、慰めにカルペニシの魅力を語ってくれた。老夫婦が若い頃、カルペニシに惚れ込み、カルペニシを訪れる人々の笑顔が見たくて、ホテルを始めたんだろう。そのような愛情を感じることができただけで、この宿に泊まった価値があったというものだ。「本当にスキー場やってるかなぁ？」と心配していたけど、昨日クローズしていたゲートが開いていた。「開いているということは大丈夫なんだろう」と自分に言い聞かせて、山道をぐんぐん登っていった。次第に道路脇の雪が高くなってきて、路面もシャーベット混じりから、新雪混じりの状態になってきた。言うまでもなく、俺たちのレンタカーのタイヤはオールシーズンタイヤなる怪しいタイヤだ。パルナッソスやカラブリタでは、みんな似たようなタイヤか、もしくは俺たちよりもひどいタイヤを履いていたので、「こんなものなんだ」と思っていたけれど、カルペニシのスーパーで地元の人たちが乗っている車のタイヤをチェックしたら、ほとんどがスタッドレスタイヤだった。海外において、みんながスタッドレスタイヤを履いているという状況は只事ではない。それくらい厳しい冬がある場所に俺たちは来てしまったのだ。ところどころ、昨日の地吹雪が作り上げた巨大な吹き溜まりを除雪して車が1台が何とか通れるようにした立山の雪の回廊のミニバージョンに差し掛かった。対向車のドライバーが「お前ら大丈夫か？本当に行くのか？」と心配そうな顔をしながら、すれ違うのが見えた。彼らの表情を無視して、さらに突っ込んで行くと、まさに除雪の真っ最中の重機たちにぶち当たってしまった。まだ除雪が完了していないスキー場までの残りの道を最後まで行き着ける自信なんて、0.1％だって湧いてこなかった。「引き返そうか…」

こうして、俺たちのカルペニシは幻に終わった。この山の存在を知ったのはギリシャに着いてからだったけど、調べれば調べるほど期待が膨らむスキー場だった。他のエリアより気温が低く、他のエリアより雪が多く、他のエリアより斜面が急なのだ。そして、ゲレンデからアクセスできそうな、超スティープなBCエリアの存在もヨダレものだった。海外のスキー場に行くと、よくスキー場クローズに出くわす。森林限界を超えていることが普通の海外のスキーリゾートは、日本の里山のようなスキー場に比べて、気象条件が厳しいのだ。それを承知でたくさんのスキーヤー・スノーボーダーがやってくる。何日も

待って待って、ようやくスキーができて、それで大満足して帰って行く。スキーを1本滑るという行為は、それくらい貴重で、価値のある体験なのだ。「どうする？」と圭くんが言った。カルペニシの天気予報は明日も思わしくない。これでスキー場クローズを3日連チャンで食らったら、笑うに笑えない。

俺たちは、少しでも可能性のある選択肢を選ぶしかなかった。最初に行ったパルナッソスのスキー場。パルナッソスなら明日晴れ間がありそうな予報だった。

こうして、風来坊な俺たちは、ギリシャについて最初に泊まった宿からほど近い、オリーブ畑に囲まれた小さな集落にある宿を予約し、車を走らせた。宿の近くまで来た時、広大なオリーブ畑でのんびりと収穫作業をしている一人のおじいさんを見つけた。農繁期の冬は、オリーブの収穫がある時期なのだ。おじいさんは興味深々で眺める俺たちを認めたあと、鍬を片手に再びオリーブの森に消えて行った。と、しばらくしてオリーブの枝を抱えて戻ってきた。木の枝をよく見ると、枝には黒く艶やかな実がたくさんぶら下がっている。おじいさんは、何かひとこと言って、その枝を俺たちに差し出した。「え…？もしかして、もらっていいの？」と圭くんがうわずった声で言うと、おじいさんは当然日本語を解さないはずなのに、解ったようにゆっくりと頷いた。お店でオリーブを買うのと、スタイル満点のおじいさんにもらうのとでは、月とスッポンである。あまりにも嬉しくて、テンションが上がりすぎた圭くんは、その場で枝からオリーブをもぎ取り、そのまま口に放り込んだ。「う！ うわぁ！」もちろん、オリーブはそのまま食すものではない。塩水に10日間ほど漬けなければ、苦みやえぐみは無くならないという。それにしても、こんな苦い実を美味しく食したり、オリーブオイルなど様々な活用方法を編み出した人は、本当にすごいと思う。

ちなみに、ギリシャ人は世界で一番トマトを食する人々なのをご存知だろうか。一人当たりが1年間で食べるトマトの量は、実に100kg！旅に出ると、その国の食文化に触れることができるのが、本当に興味深い。強風で滑れない時なんかは、やっぱり一番慰めてくれるのは、酒を含んだ食文化なのだ。

ホスピタリティが最高の犬がいる宿にチェックインした俺たちは、さっそく近くのスーパーに繰り出した。おじいさんがくれたオリーブが、食に対するモチベーションに火をつけたわけだが、都合よくキッチン付きの宿だったことが、そこにガソリンをぶちまけたのだ。買い物カゴの中には、分厚いポークとじゃがいも、にんにく、玉ねぎ、米、ベビーリーフ、オリーブオイル、レモン。インドのように辛い香辛料はないけれど、ハーブや調味料の種類が多いのが、また楽しい。ここにギリシャワインとギリシャビールが加われば、完璧な自炊パーティーの出来上がりだ。

「か、か、かんぱ〜い！！」

ここ数日、全く滑れていないのが嘘のように、満ち足りた夜がゆっくりと更けていった。

ソクラテスとスパルタ王

気がつけばあっという間に3月になっていた。風の合間を縫うようにして、着実に滑走日数を稼いでいた俺たちだったけど、にっちもさっちもいかない時もあった。そんな時、俺たちはさっさと山から降りて、デルフィの遺跡を巡ったり、アラコバの街をウロチョロして過ごした。デルフィの遺跡に関して、俺は恥かしながら何の予備知識も持っておらず、デルフィを一度離れてから、地球の歩き方を見て、「デルフィをちゃんと見るんだった！」と猛烈に後悔していた。なので、デルフィに戻ろうというプランが浮上した時、何が嬉しかったって、デルフィ遺跡を見れることだった。なぜ、そこまで興味関心を持つかというと、古代のある時期、ここが世界の中心と言われていたからだ。神々の世界と人間の生活が交錯するような時代。言語、宗教、哲学、芸術、民主主義など、様々な源流となった土地なのだ。「なんでこんな山奥に…？」と不思議で仕方なかったが、調べてみると「なるほど、納得」と思った。当時、デルフィにあるアポロン神殿での神のお告げによって、政治や戦争が決定されていたというのだ。時代に様々な影響を与えた神託だったと思うけど、後世にもっとも大きな影響を与えたのが、ある些細なお告げだった。

紀元前5世紀の後半、ソクラテスという37歳の男がデルフィのアポロン神殿で神のお告げを受けた。そのお告げとは、「ソクラテスより知恵のあるものはない」というもの。そうは思えなかったソクラテスは、お告げが本当なのかを確かめるために、当時知者と言われていた人々と対話を重ね、ソクラテス自身が他の人に比べて「唯一優れているもの」を発見した。『何が一番大切なことなのか、私も彼らも何もわかっていない。ところが、彼らは分かったつもりでいる。しかし私は、分かっていないということを自覚している。とすると、私は自分の"無知"を知っているという点で、彼らよりも知識者であるらしい』これが有名な「無知の知」という真理だ。ここだけ聞くと、なんだか嫌味なヤツだけど、人々がソクラテスに参ってしまったのは、人間的な魅力からだけではなく、彼らの自信のあったことを打ち崩し、何を求めるべきかを気づかせてくれたからだった。

あ〜言えばこう言うホリエモンっぽい人をイメージしちゃうけど、ソクラテスの性格を良く表しているエピソードがある。国に反感を買い、死刑になることが確定した時、ソクラテスの奥さんは言ったそうだ。「無罪なのに死刑だなんて！」それに対して、ソクラテスは笑みを浮かべて言った。「有罪で死刑の方が良かったかい？」相当に振り切っているオッサンである（笑）

なにはともあれ、哲学界のスーパースターがここに生まれたのだ。より善く生きる「徳」と言う倫理を生み出したソクラテスは、後の哲学や宗教に多大なる影響を与え、彼の格言は2600年も経った今でも大切に語り継がれている。無形のものだからこそ、色褪せず伝わっていくのだろう。

世界を変えた様々なエピソードが見え隠れするデルフィ。そのすぐそばのスキー場で滑ることが、スキー滑走に色々な味わいをもたらしてくれる。スキーというものは、自然と駆け引きする遊びだ。そして、そこにその土地の文化などの要素が加わった時、さらに深みのある輝きを放つのだ。俺が求めているのは、まさに、スキー、自然、文化によるシンフォニーに耳をすませることなのだ。

デルフィの遺跡をゆったりと散歩し、時折古びた遺跡の残骸に腰をかけて、古代に想いを馳せた。目を瞑ったり、耳をすませたり、風を肌で感じたり、光に目を細めてみたり…五感以上のものを働かせて、まるで目の前に歴史がリプレイされているかのような妄想を膨らませる。2600年という人間的には気が遠くなるような時間が、自然の前には瞬きのような時間なのだ。そんな人間の儚さゆえ、人々は神々の存在を意識したのではないだろうか。イタリアのような華やかな建造物ではない。まるで、自然の一部のように、今にも風化してしまいそうな遺跡。アクロポリスやメテオラなど、ギリシャには様々な遺跡があるけれど、自然に最も近い遺跡とでもいうべき、デルフィに来られて本当によかった。

遺跡を後にして、俺が感動に浸っていると、隣で圭くんが言った。「入場料、一人いくらしたの？」「え？ …500円だけど…」「マジで？！」「…価値なかった？」「まっっったくないね」「…」

ギリシャをドライブしていると、峠のコーナーの道路脇に必ずと言っていいほど、小さな祠のようなものがあることに気づく。「この祠みたいの昨日調べたんだけど、何だったと思う？」圭くんがいたずらっぽく言った。前から気になっていて、交通事故で亡くなった人を弔う祠かな〜と話していた。でも、それにしては多すぎる。「このまま増えていったら、道路脇が全部祠になっちゃうじゃん」と

俺が冗談っぽく言うと、圭くんも「そうだよね〜」と納得していた。「それがさぁ、やっぱり交通事故で亡くなった人を弔うものだったわ」「マジで？」注意深くみると、ガードレールがガッツリ破壊された部分には、必ずと言っていいほど祠がある。祠を作る前に、事故の爪痕は直そうよ。リアルすぎて嫌だ…（汗）。

早朝に宿を出て来たので、朝食をまだ済ませていなかった俺たちは、途中のカフェかどこかでコーヒーとサンドイッチでもテイクアウトして行こうと思っていた。

通り沿いのスポーツ店とカフェが併設の大きな店には、たくさんの車が停まっていた。「さすが土曜日…とは言っても、あまりにも混みすぎじゃない？」と言いながらも、車を止めてカフェに入って行った。カフェの中にはレーシングワンピを着たギリシャの中高生やそのコーチ、保護者などで溢れかえっていた。もうすぐスキー場がオープンだというのに、選手たちはお茶をしながら、携帯をいじったり友達と談笑していた。なんだか嫌な予感がして、レンタルショップのスタッフに尋ねてみた。「スキー場のコンディションってどうなんだろう？情報ある？」「10時まではクローズだ。俺の勘では今日は一日クローズだな」レンタルの兄さんは少し不機嫌そうに、顎髭をさすりながら言った。「やっぱりか…」風が強いのが当たり前すぎて、驚かなくなった自分が嫌だ。まぁ、リフトが動かなくとも、俺たちには出来ることがある！と強がって、スタッフの忠告に耳を貸さずに山に向かった。

当然のことだけど、スキー場はクローズしていた。呆然としているスキー客。しかし、こういうとき、バックカントリースキーヤーで良かったな〜と心から思う。スキー場界隈をドライブして、光の良い斜面を見つけ、挨拶がわりに短い5本。風雨で硬く沈んだ雪は、表面がボコボコした難しいコンディションだったけど、気温が高いことが幸いして、なんとかエッジが効く条件だった。これに気を良くした俺たちは、「あれやるか！」という意見で一致した。

「あれ」とは、「その国をイメージさせる格好で、その国らしいシチュエーションを滑るプロジェクト」のこと。お土産屋で10ユーロでゲットした鉄仮面のレプリカと、5ユーロでゲットした木製の剣。8ユーロのギリシャ国旗タオルと、4ユーロのI LOVE GREECE Tシャツ。ギリシャで一番ベタなものを集めた格好だ。

「6作目まで来て、このクオリティかよ！」と自分にツッコミを入れたくなるけれど、ギリシャの民族衣装は全く手に入らず、この際、レバ

ノンの時の初心に戻るという意味を込めて、とことんベタに行こうじゃないか！　という自己満足プランだった。この格好には、さすがの圭くんも微妙な表情を浮かべ、引きつった笑いを浮かべている。

本当にこれで良いのだろうか？　というか、これしか用意できなかったんだから、やるしかないのだ！（汗）鉄仮面だけかぶると３ターン目には脱げてしまうので、鉄仮面の上からゴーグルをしてみた。片手に剣、片手にポール。タオルは腰にスカートのように巻いた。ギリシャの伝統的な民族衣装は、男性でもスカートなのだ。

１本目、やっている本人も少し照れながら、中世イメージでターンを刻んでいく（どんなイメージよ！）。ターンを繰り返すうちにスカートが捲れあがってしまうのと、鉄仮面にゴーグルでは、ただのヘルメットのように見えてしまう…という圭くんのアドバイスがあり、２本目はゴーグルなし、片手のポールなしで、古代ギリシャをイメージさせるターンを繰り出した。（だから、どんなイメージよ！）

撮影を重ねていくうちに、最初は呆れ顔だった圭くんも、「結構いいかも」と身を乗り出してきた。こうして、俺たちの旅の中において、マストとなっているプロジェクトをなんとかコンプリートすることができた。自分で言うのもなんだけど、今回はかなり力技だったな！！

いつのまにか日が高くなり、時刻は11時半を回っていた。リフトが動いていなくても、これだけ楽しめる自分たちを褒めてあげたい！と思いながら、車に戻る途中、気づいてしまった。「ゴンドラとリフトが動いてやがる…！」リフトが動いているというのに、コスプレして登っていただなんて…ちょっと痛い男じゃん！（その前に43にもなってこんなことやっていること自体が痛いって？）スキー場奥を見上げると、圭くんがずっと狙っていたシュートも、今まさに美しい太陽光線に照らされ、浮かび上がっていた。まるで、「早く滑りに来いよ」とゼウスが手招きしているかのように思えた。俺たちは大急ぎでリフト券を購入し、ゴンドラに飛び乗った。

ただでさえ週末で人が多いのに、リフトが上部は１箇所しかないわけで、とんでもなく混雑していた。俺と圭くんはさっさと諦めて、シールでスタスタと登って行った。ガラス張りの巨大なスキーセンターの前には、ビーチのようにリクライニングチェアが並び、そこで日向ぼっこしている人が、不思議そうに俺たちの方を見ている。強風の影響で稜線がガタガタのシュカブラになっているけど、気温が高い

おかげでシールでも登って行けた。ところが、シールを外して滑る準備をして、ソニーの主観カメラもセットして、滑り出すポイントに立った瞬間に、サーッと山頂が雲に覆われてしまった。「またかよ！」我ながら、なんと言うバッドタイミング。前回に続き今回も、滑り出そうとした瞬間に曇るなんて！

「タケちゃん、雲どうだろう？」圭くんはきっと他の撮影もしたいのだろう。上は雲。下は晴れ。下に行けば何かできることはあるだろう。でも、圭くんが熱望していた斜面に２度登った俺を気遣って、「やめよう」とは言い出せないでいるようだった。わかっちゃいるけど、下ってから山を振り返ったとき、「あ〜晴れて来た〜！」と言うのだけは避けたかった。しっかり天候が悪くなることを見極めてから下ろう。

すると突然、雲がスーッと抜け始め、眩しい青空と太陽が姿を表した。先ほどまで、地獄の底に向かうように見えた急斜面シュートが、まるで天国への扉に見えてくるから面白い。烈風、濃霧、強烈な日射。アイスバーン、ハードクラスト、ストップ雪。ギリシャの気象は、次から次へと畳み掛けるように試練を与えてくれた。この厳しい気象を、気まぐれで非情なゼウスという神の仕業と考えた昔の人の気持ちが、今なら痛いくらいわかる（笑）。

圭くんの合図で斜面に滑り込むと、最初の５ターンはいつでも止まれるスピードで、確かめるようにターンを刻んで行った。雪の硬さとスピードの関係が重要だ。上部は雪面が凸凹しているので、雪の硬さ以上にスキーがグリップしにくい。６ターン目でシュート本流のなめらかな雪面が見えて来た。７ターン目はスキーを横にしすぎた。

８ターン目はスピードに乗りながら、カービング系の細いターンで雪をしっかりと抑え、次のターンにつなげる。固いけれど、なんとかスピードとターンの大きさを表現することができた。

同時に、今回の地球を滑る旅での滑走撮影クランクアップを告げる圭くんの「オッケ〜！」が青空へ高らかに響き渡った。滑りきった斜面を見上げながら、様々な心境が心に渦巻いていた。

人生はいろいろある。楽しいことも、苦しいことも。そんな中で、自分らしいこの瞬間を過ごせることの意味。スキーにこんなにも魅了されるわけが、わかった気がした。

スキーを滑っている瞬間は、まさに今の連続なのだ。刻一刻と変化する雪、多様な地形、めまぐるしく変わる天候。そこには過去も未来もない。今だけなんだ。

「スキーでやれることは全てやった！」と思えたことが何よりも嬉しく、アテネに向かう車の中で、俺と圭くんは日焼けした顔を何度も手でこすりながら、今回のスキー滑走と撮影を振り返って談笑していた。アテネに到着する頃にはすっかり日が暮れていた。

俺たちは、打ち上げをしようと、ピレウスのマリーナに沿って賑わうレストラン街に繰り出した。今日はちょっと奮発して、美味しいギリシャ料理とビールをいつもより多めにオーダーした。なんだかんだ言っても、滑りの撮影が全て終わるまで、俺たちは気を張り続けていたんだなぁと思う。怪我なく終わること、そして限られた期間と、毎日が初めての場所という難しい条件で作品を残すこと。大きな冒険でもなんでもないけれど、やっぱりこれはチャレンジなのだ。

レバノンの時から7年にわたり6作。圭くんとは、かなりの時間を共に過ごして来た。レバノンの時のように、修学旅行のようなノリとは、今は少し違ってきている。天真爛漫な旅も良いけれど、様々なものを乗り越えて旅に出るのも味わい深い。

ホテルへの帰り道、港の外れにあるスポーツバーで、地元のサッカーチーム、オリンピアコスの試合に熱狂する人々を横目に見ながら、心地よい海風を頬に受けて、酔いを冷ましながらゆっくり歩いて行った。俺は何て幸せなスキーヤーなんだろうか、と自分に酔いしれながら…と、そのとき。ふと異変に気がついた。「圭くん…、なんかこの辺臭くない？」「…？　いや、別に。」「おかしいな〜。俺の鼻が変なのかな？」さらに50mくらい歩いて、ホテル前に到着した。「やっぱり臭いよ。臭わない？」「いいや」「…もしかして！？」

恐る恐る靴底を見ると、滑りにくいことで有名な某メーカーのトレランシューズ（超お気に入り）の靴底を6割にわたって巨大なウ○コがびっちりと分厚く張り付いていたのだ！！　オーマイガッ！「運がついてるね！」と笑う圭くんと、水たまりや草むらで懸命にウ○コを地面に擦り付ける俺。滑らなくて超お気に入りだったトレランシューズの深いパターンが、この時ばかりは恨めしく思えた。石や枝で取ろうとしても、伸びるばかりで全然取れないのだ。「ウ○コとは、こんなにも粘り強い物質だったのか！　畜生！」インドに行った時は、いたるところに人糞が落ちているから、常に警戒していたけれど、まさかギリシャで踏むとは思ってもみなかった。

最後にカッコつけさせてもらえないのが、まさに俺の人生そのものだ。もう笑うしかなかった。どんな雪質でも楽しむことはできるけど、ウ○コを踏むのは嫌だ。

ISLAND HOPPING

今回で6回目の地球を滑る旅。

今まで様々なトラブルに見舞われ、強引なプランを選ばざるを得ない状況になったことは数知れず。しかし、今日のように自ら強引なプランを選ぶことがあっただろうか。何が強引かというと、最短でも2泊〜3泊と言われている離島の旅を、なんと日帰りでやってしまおうというもの。もちろん俺たちも時間が許すならば、ビーチでまったり、カフェでまったり、ナイトクラブでまったりして、1週間くらい時間の感覚を忘れて、植物のように過ごしたいものだ。しかし、滑りに日程を割きすぎて、時間がなくなってしまった。かと言ってプラン自体を決行できないのは嫌だった（単なるワガママ笑）。

というわけで、朝9時のフライトでアテネ国際空港を発って、夕方16時半の便で島を離れる日帰りチケットを購入したわけだが、滞在時間6時間半なんて、この島に憧れて遥か遠い国から訪れる人にしてみたら、ナメてるとしか言いようがないだろう。そうそう、肝心な行き先だけど、実は前日に悩みに悩んだ（前日に悩んでいる時点で、無計画さこの上ないが）。圭くんが撮りたいイメージは、海辺に真っ白な家々と青い海とのコントラストが眩しく…、迷路のような旧市街には猫があちこちにいて…、ゆったりとしたギリシャの雰囲気をかもし出している島。まさに誰もが想い描くエーゲ海の孤島だ。調べてみると真っ先にヒットしたのが、エーゲ海の離島の代名詞とも呼ばれるミコノス島だった。ギリシャの離島といえばミコノス島かサントリーニ島というくらい、世界的に知名度の高い観光地だ。しかし、観光地を敬遠する俺たちの天邪鬼な性格には合わないのと同時に、ミコノス島を敬遠してしまう理由が他にあった。このミコノス島、普通の観光地とは別の顔がある。世界中のゲイカップルが集う楽園として、知る人ぞ知る島なのだ。ただでさえ、アラフォーのオヤジが2人で2週間も旅をしていると、そっち系に間違われることが多いだけに、あえてそんな島に行って、ゲイカップルに「よ〜！ 同胞！！」と思われるのだけは願い下げだ。こうして、ミコノス島に似た景観を持つ島を探しているうちに、たまたまひっかかったのがミコノス島の南にあるパロス島だった。

シーズンオフということもあり、空港に降り立った観光客はまばらだった。強風の天気予報があり、心配していたけれど、青空が広がり風もさほど強くない。たった1日のアイランドホッピングとしては、上々の天気だ。島の中心地パリキアでバスを降り、身軽なことを良いことにそのまま旧市街に散策へ。細い路地も階段も白く塗られ、青い扉と教会の水色の屋根。まさにギリシャの国旗そのものの色合いで描かれた絵画のような可愛らしい街並みは、写真などを見て膨らませていた期待を少しも裏切らなかった。それに、「オフシーズンでよかった」と心から思っていた。まるで作り物のようにメルヘンチックな街で、当たり前に生活している人々の等身大の姿を見られたからだ。ただ、「猫がいないな〜」と圭くんが漏らしていた。

モロッコの旅あたりから、圭くんの猫写真は恒例になっている。それを見ていて、最初は「本当に猫好きだな〜」と思っていただけだったけど、出来上がった作品を見たり、実際に注意して猫を見るようになってから、圭くんの気持ちがよくわかるようになった。古代から人間のペットとして生きてきた猫は、あらゆる人間の文化の中に溶け込み、自然体で生活している。その姿が、なんとも平和を感じさせるし、遺跡や路地や商店街などに、ポツンと1匹猫がいるだけで、その写真の印象を変えてしまう存在だったりするのだ。実におもしろい。ミコノス島は猫がとても多い島としても有名なので、パロス島も同じようなものだろうと高をくくっていたら、町中歩き回ってもなかなか猫の姿が見えない。それでも、注意深く見ていると、サッと道を走り抜ける猫を見かけたり、猫の鳴き声を聞いたりした。どうやら、パロス島の猫は、かなり警戒心が強いようだ。

旧市街を一通り散策した俺たちは、この白い街並みを少し離れたところから見てみたくて、風車のある町外れの岬まで歩いて行った。クリスタルブルーとエメラルドグリーンとがまだらに透ける海は、まるで空気のようにどこまでも見通せそうな不思議なくらいの透明感があった。「泳いじゃおうかな」俺が住んでいる北海道の海は、真夏の水温が沖縄の真冬の水温に等しいと言われている。そんな北海道で、10月くらいまでウェットスーツなしで泳いでいる俺にとって、ちょっとやそっとの水の冷たさなんて、大した問題ではないのである。「雪山でスキーをした帰りに、海水浴を楽しめる楽園」と呼べる場所は、俺の知っている限りでは、地中海沿岸くらいだと思う。特に、今回のギリシャは、海や島というイメージが強い場所だけに雪山と海の距離感を表現したいと思っていた。そのための最もストレートな表現方法が、海水浴なのだ。

手のひらに海水を少しだけすくってみる。山から流れてきた雪解け水が、様々な地域からたどり着いた水と混ざり合って、適度にひんやりした水温になっているのだろう。そのような「水が旅してきた物語」がイメージとして豊かに広がってきた。ヨーロッパ、中東アジア、アフリカに囲まれ、太古からの歴史をつぶさに眺めてきた地中海。様々な霊的な何かが、海水に溶け込んでいるように思えるのは、気のせいだろうか。そのようなロマンを感じながらも、周囲の目が気になっていた。40がらみの男2人が、海水浴の撮影している姿は、どこからどう見ても怪しいからだ。でも、観光のオフシーズンなのが幸いして、ビーチには誰の姿もなく、心置きなく泳ぐことができそうだった。ひと気のないところでコソコソ撮影しているのが、逆に怪しい気がするけど（笑）。俺は、まだ3月の頭ということも忘れ、力を抜いて、身体をゆだねるように海に飛び込んだ。猿から人間に進化して、さらにはスキーをするまで進化して、その恩恵で雪山を自由自在に遊びまわることができるようになった。自然に溶け込む術を、俺はスキーヤーになって後天的に得ることができた。全身を海水に沈めると、そこは自分が自由自在に動き回れるような世界ではないけれども、進化の起源である故郷に抱かれているような、なんとも言えない安心感を感じることができる。

グランブルー…。

全てが無に帰すような、どこまでも静かで深い青の世界に漂う甘味。しかし、そんな甘美に浸れるのもほんの一瞬のことだった海面に顔を上げて呼吸をすると、一気に我に返ったように言葉が出てきた。「な、なまら冷て〜！」そりゃあそうだ。

タオルを持ってくるのを忘れたので、海風で身体を乾かすと、俺たちは再び白い街に吸い込まれるように歩いて行った。さっき通りかかった古びた床屋さんに立ち寄りたいと思っていた。2年前のカシミールの旅の時からシリーズとなっている「地球のどこかで髪を切る旅」をここで決行しようと企んでいたのだ。

観光客など絶対来なそうな古びた店内では、80歳くらいの年老いた店主がほとんど髪がない90歳くらいの老人の散髪をしていた。店主は、突如現れた異邦人に一瞬怪訝な表情を浮かべたけれど、「いいよ」と快く受けてくれた。店主もハゲ、お客もハゲ、お店に飾っているお客さんの写真もみんなハゲなので、本当にちゃんと髪をカットできるんだろうか？ と失礼にも思ってしまった。「お任せでってお願いしたら、ハゲになりそう」圭くんが笑いながら言った。木のぬくもりのある店内には、長年大切に使っている散髪用具が並び、髪を切る音だけがサクサクと小気味好く響いている。ほんの6時間程度しか

滞在できないというのに、散髪に時間を割くだなんて、なんて贅沢な過ごし方なのだろうか。時計の針が止まっているような錯覚を起こすほどまったりとした空間で、圭くんの髪は思いのほか面白くないくらい似合った良いヘアースタイルに仕上がった。
突如訪れた異邦人をちゃんと似合った髪型に仕上げるあたり、さすがは散髪歴推定60年以上のベテラン！「よし！ これなら俺も！」とやる気になった俺だったけど、年老いた主人はシエスタに入るのか、もしくはこのまま閉店なのか、当たり前のような顔で店を閉める準備を始めた。おそらく、3人カットしたら店仕舞いというような、ゆる〜いペースで働いているのだろう。
港のカフェで軽めのランチをすませると、俺たちは原付を借りて島をツーリングして遊んだ。島の広さと、ギリシャの気候に原付がピッタリだと思った。原付ならば、少ない時間でミコノス島の風を身体いっぱいに感じることができる。外に剥き出しになっているこの感覚はスキーと一緒で、それが安全だとか、危険だとかで片付けられない魅力がある。それは、地球と遊んでいるリアルな実感とでも言おうか。
たった6時間の滞在だったというのに、不思議なくらい満たされて、穏やかな気持ちでいる自分たちがいた。

how to ride the GREECE

by Takeshi Kodama, Key Sato

GREECE Travelers　ギリシャの滑り方（登場人物）

児玉　毅：プロスキーヤー
1974年7月28日生　札幌市出身

大学に入ってから本格的にスキーに取り組み、卒業後、単身アメリカへスキー武者修行の旅に出る。その後、エクストリームスキーのワールドツアーに参戦しながら、国内外の難斜面、極地、高所、僻地などスキー遠征を重ねる。2000年北米大陸最高峰マッキンリー山頂からのスキー滑降、2003年シーカヤックを用いたグリーンランドでのスキー遠征、2008年ヒマラヤ未踏峰での初滑降など、世界各地の山々にシュプールを刻む。2005年にはエベレストの頂上も踏んでいる。撮影活動も精力的に行なっており、スノー系専門誌を中心に掲載多数、DVD作品22タイトルに出演。2015年から北海道発のスキー番組「LOVE SKI HOKKAIDO」のメインスキーヤーを務める。

佐藤　圭：フォトグラファー
1972年3月19日生　札幌市出身

2009年に大雪山十勝岳エリアの懐、上富良野に移住し、そこを拠点にスキー、スノーボードの撮影をメインに活動、メーカーカタログ・雑誌等で発表。世界各地を訪れ、国内外問わず様々な土地で多くのライダーとのセッションをライフワークとしている。

GREECE Itinerary　ギリシャの滑り方（旅程編）

DAY1(2/20)	札幌→成田→アブダビ	オーバーチャージ10万円は痛かったけど、美しい客室乗務員に鼻の下を伸ばしながら、上機嫌でアブダビへと飛び立った。
DAY2(2/21)	アブダビ→アテネ→デルフィ	久々の国外レンタカーに興奮しながら、2時間半のドライブで一気にスキーエリア麓にある世界遺産の街デルフィへ。
DAY3(2/22)	デルフィ→パルナッソス→アラホヴァ	早く滑りたくて、濃霧の天候なのにパルナッソススキー場へ。ゼウスの気まぐれで天候に左右されまくる日々は、ここからスタートする。
DAY4(2/23)	アラホヴァ→パルナッソス→パトラ	昨日目をつけていたアドレナリン系のスティープラインを見事メイク！これに満足して、次のエリアへ移動を開始した。
DAY5(2/24)	パトラ→ディアコプト	イタリアへの玄関口ともなる港町パトラから美しい海岸線を東へ。絵に描いたギリシャのような景観のあるディアコプトに魅了され、ゆったりと過ごした。
DAY6(2/25)	ディアコプト→カラブリタ	歴史的修道院が佇む急峻な峠を越えて、観光地として有名なカラブリタへ。そのままの勢いで行ったスキー場は、まるで野外フェスのような賑わいを見せていた。
DAY7(2/26)	カラブリタ→アテネ→カラブリタ	暴風雪だったのでスキーを諦め、レンタカーの延長がてらアテネまで往復ドライブ。
DAY8(2/27)	カラブリタ→アグリニオ	暴風でスキー場クローズも、根性のハイクでスキー場を自分貸切に。ある程度やりたいことが出来たので、次の目的地を目指してアグリニオへ。
DAY9(2/28)	アグリニオ→カルペニシ	カルペニシへ向かう峠道は、至る所が土砂崩れや落石で通行止め。かなり緊張する運転で辿り着いたカルペニシは、エベレスト山頂のような強風だった。
DAY10(3/1)	カルペニシ→セルニカーキ	連日の強風でスキー場に辿り着けず…。天気に左右されすぎなので、天気予報で目的地を決める作戦に。結局、最初に行ったパルナッソスにほど近いセルニカーキ移動。
DAY11(3/2)	セルニカーキ→デルフィ→セルニカーキ	スキー場に行くも強風でクローズ…（またよ）。早めに作戦変更して、世界遺産のデルフィ遺跡へ。古代を妄想しながら、のんびり過ごした。
DAY12(3/3)	セルニカーキ→パルナッソス→セルニカーキ	久々に帰ってきたパルナッソスで、「その国らしいロケーションの中、その国らしい格好で滑るプロジェクト」を決行！今回はかなりの力技だった…（汗）
DAY13(3/4)	セルニカーキ→カラブリタ→アテネ	久々に訪れたカラブリタは急激な融雪で完全な春に様変わりしていた。滑り納めの後、ピレウス港にあるレストランで滑りセクション打ち上げの乾杯！
DAY14(3/5)	アテネ→パロス島→アテネ	日帰り弾丸離島ツアーを決行！滞在6時間で、海水浴、散策、散髪、食事、バイクツーリングなど…。さすがの俺たちも欲張りすぎだと思った。
DAY15(3/6)	アテネ→アルテミダ	アテネの主要観光スポットから、いくつかに厳選して巡ってみた。
DAY16(3/7)	アルテミダ→アテネ→アルテミダ	お土産買い出しと、グルメツアーのために再びアテネのダウンタウンへ。海沿いの田舎町で、最後の夜をゆったりと過ごした。
DAY17(3/8)	アテネ空港→アブダビ	エーゲ海に浮かぶ島々を飛行機から見下ろしながら、ギリシャにお別れ。
DAY18(3/9)	アブダビ→成田→札幌	エティハド航空の快適な空の旅で帰国。ホッとして束の間、成田からの国内線が、間違って前日出発の便を購入していたことが発覚。最後にやっちまった…。

GREECE map ギリシャの滑り方（地理編）

GREECE *information*   ギリシャの滑り方（概要編）

首都：アテネ
面積：131,940㎢（日本の約3分の1）
人口：約1082万人（パリの人口と同じくらい）
言語：ギリシャ語（観光地では、英語もわりと通じる）
宗教：98%がギリシャ正教会（ロシアと同じ）
通貨：ユーロ
気候：地中海性気候
　　アテネの平均気温は冬が10℃、夏は28℃。冬が雨季に
　　あたるが、晴天率が高く、年間晴天日数は約280日。
　　エーゲ海の島々はさらに降雨量が少ない。
最高峰：オリンポス山（2,917m）

産業：農業、鉱業、工業、観光業
　　農業では、オリーブが世界3位、綿が世界8位、
　　葉タバコが世界10位
世界遺産：16ヶ所
　　デルフィの考古遺跡、アテナイのアクロポリス、
　　オリンピアの考古遺跡など
盛んなスポーツ：サッカー、バスケットボール
著名人：スパルタ国王、アレキサンダー大王、
　　ソティリオ・ブルガリ（ブルガリ創業者）
　　アルキメデス（数学者）、ソクラテス、
　　ピタゴラス（哲学者）

9本の縞はギリシャ独立戦争時の鬨の声である「自由か死か」の9音節を表す。1821年に起きた、トルコからの独立を求める反乱の際、パトラの府主教ゲルマノスが白地に青十字を掲げたことに由来する。

GREECE *history*   ギリシャの滑り方（歴史編）

古代〜近代
古代文明発祥地の一つ。紀元前800年後半、アテネやスパルタなどの都市国家（ポリス）が多く建設される。豊かな文化や高度な学問、奴隷制や民主政など、後世の社会構造にまで残る遺産が芽吹いていった。
紀元前7世紀頃、マケドニア王国（同じギリシャ系）に征服される。マケドニア王国はアレキサンダー大王のもとで現在のインド北西部にまで版図を拡大したため、ギリシャ人とその文化は中東と西アジアにまで根付くことになる（ヘレニズム）。マケドニア王国が滅びた後はローマ帝国の傘下となり、西地中海にもギリシャ系の文化が広まった。
1453年に東ローマ帝国がオスマン帝国によって滅ぼされると、そのままオスマン傘下に入る。
1821年にオスマン帝国に対し、ギリシャ各地の都市で革命が起こり、ギリシャ独立戦争に突入。
イギリス、フランス、ロシアの介入の末、1829年に独立が承認された（ギリシャ王国）。
1897年にオスマン帝国のアナトリア半島から歴史的ギリシャ地域を回収すべく侵攻。しかし敗北。
1913年にはバルカン戦争の勝利に伴いオスマン帝国からクレタ島を奪回した。
第一次大戦後、ギリシャは再びアナトリア半島を巡りトルコに侵攻したが、敗北。せっかく得ていたアナトリア側の領土まで失ってしまい、ほぼ現在の国土が確定した。国王の大権と極右政党による国内統一がなされ、陸軍大臣イオアニス・メタクサスを首相とする独裁体制が敷かれた。

メタクサス体制はイタリアのムッソリーニによるファシズムにも似た極右であった。それでいて、イギリスとは友好関係を築き、ファシズム的体制（枢軸国寄り）でありながらイギリス（連合国）の友好国、という奇妙な状態にあった。

第二次世界大戦
1940年に枢軸国に加盟し連合国に宣戦布告したイタリアの指導者ムッソリーニは、ギリシャが連合国の盟主イギリスの友好国であるため、連合国がイタリアに攻める際ギリシャがその足がかりになるのでは、と恐れた。
同年、イタリアはギリシャにに宣戦布告。その同盟国ドイツとブルガリアからも攻撃され、第二次世界大戦の当事国となった。枢軸国と戦うイギリスは、イギリス本国とインドを海上で繋ぐ上での重要な中継地である地中海を保持するために、その要地にあるギリシャに援軍を送った。これによりギリシャ王国は連合国側に。
当初ギリシャ・イギリス連合軍は優勢にあったが、1941年から枢軸国の盟主ドイツが本格的に援軍を送り始めると、敗北。首相メタクサスは病死。ギリシャはイタリア、ドイツ、ブルガリアによって分割占領され、枢軸側の傀儡国家ギリシャ国となる。
1945年、連合国の勝利によって完全に解放され、連合国側である王党派右派が政権を握り、ギリシャ王国が復活。しかし戦中より生じていたソ連側の共産主義左派（ゲリラ）と王党派右派（政府側）の対立は続いた。それは地中海の要衝を保持したいイギリスと、地中海への出口・進出を目論むソ連の代理戦争だった。

1946年にはついに内戦へ。王党派右派を支援していたイギリスの経済難により、代わってアメリカ合衆国が右派を支援。一方共産主義左派は、支援元のソ連とユーゴスラビアが仲違いしたため大幅に弱体化していった。その結果、1949年、内戦はアメリカが支持する右派の勝利により終結した。

現代
1952年にはNATOに加盟、翌1953年にはユーゴスラビアやトルコと同盟を締結。
ところが1950年代の後半になるとキプロスを巡ってトルコとの対立が激化。
1968〜1974年までは軍事独裁政権であったが、国内のデモをきっかけにクーデターにより崩壊し、次いで選挙によって民主主義の中道右派政党が政権を握り、国民投票によって王制が廃止され、現在のギリシャ共和国になった。
1981年にEUの前身に当たるECに加盟。2001年にはユーロを導入、2004年にはアテネ五輪が開催。しかし2010年には巨額の財政赤字が発覚し、EU全体を巻き込む経済危機を呼び起こした。

GREECE Foods　ギリシャの滑り方＜食事編＞

グリークサラダ
ギリシャの代表的な庶民料理の一つ。トマト、キュウリ、タマネギ、ピーマン、オリーブなどに、フェターチーズが豪快に乗り、オリーブオイル、塩コショウなどでドレッシングされる超シンプルなサラダ。野菜好きの圭くんが超ハマり、チャンスがあれば常にオーダーしていた。

ギリシャのビール
この旅にビールの存在は欠かせない。ギリシャのビールは、乾燥し、温暖な気候にマッチした、割とライトな味のピルスナーが主流だ。地ビールも結構種類があるので、いつも違った銘柄を買って楽しんでいた。

ギリシャコーヒー
ギリシャで古くから飲まれている伝統的なコーヒー。コーヒーを煮込んで、粉ごとカップに入れ、コーヒーの粉は飲まないように、その上澄みだけをすするように飲む。舌がザラザラする感じで、ちょっと苦手だった。

ムサカ
ジャガイモとミートソースと茄子とホワイトソースを重ねてオーブンで焼いたギリシャの家庭料理の一つ。この組み合わせで美味しくないわけがない。でも、圭くんはナスが苦手なので残念！

ウーゾ
ギリシャとキプロスで生産され、ブドウやレーズンの蒸留酒をベースとして、アニス（ハーブ）の香りを付けた薬草系リキュール。水を注ぐと白濁するのが面白い。甘みと独特の香りでかなりクセがある。

ドルマダキア
ブドウの葉っぱでピラフを包んだ料理。お世辞にも美味そうな外観とは言えないし、最初は中に何が入っているか知らなかったので、かなり警戒していたけど、実際食べてみるとそれなりにイケる？お酒のおつまみにも人気。

白身魚のフライ
お店で一番のオススメを頼んだら、生質の魚をさばいて豪快にフライにしてくれた。素材が良ければ、シンプルな料理が一番美味いもんだ。ジューシーなシチリアレモンを絞った熱々のフライは、もちろん絶品だった。

ギリシャワイン
ギリシャは世界で最も古いワイン生産国のひとつということで、「絶対に飲まなきゃ！」と使命感で購入。酸味が豊かなワインが多いらしい。普通に美味いけど、ギリシャ料理とワインが相性がいいことがポイントかも。

プサロスパ
にんじん、じゃがいも、玉ねぎ、セロリなどの野菜を白身魚で煮て、塩、オリーブオイル、レモン果汁などで調理するスープ。野菜も魚も原型がないくらい煮込んであり、味わいが深くて美味い！しかも、レモンの酸味がまた最高！自宅でも作ってみたいと思った一品。

美味いけど何という料理かわからないパート1
ナス、トマト、ピーマン、ほうれん草などとライスをトマトスープで炊き込んだような料理。当然美味いので、有名な料理だと思っていたら、後から調べても何かわからなかった。創作料理？

スーパーで買ったポーク
悲しいとき〜（悲しいとき〜）
海外旅行に来て、自炊した料理が一番美味しかったとき〜（美味しかったとき〜）。

スヴラキ
肉や魚を串に刺して、炭火でじっくりと焼き上げた料理。同じような料理が世界中にあるけど、どこで食べても抜群の安定感！スヴラキのファストフード店なんかもある。

タコのグリル
海外では敬遠されることが多いタコだけど、地中海沿岸はタコの料理が色々。でも、グリルはパサパサしていてちょっと…。タコはアヒージョが一番好きかも。

サガナキ
小さなフライパンという意味のサガナキ。名前の通り、小さなフライパンでチーズを熱してコショウやレモン果汁を絞った超シンプルな料理。これは完全におつまみだね。

美味いけど何という料理かわからないパート2
ムール貝や野菜をトマトスープで煮込み、フェターチーズをまぶした料理。問答無用。美味いに決まっている。ギリシャ料理を総括すると、「ここなら住んでもいい！」と思えるレベルだった。

GREECE Hotels ギリシャの滑り方＜ホテル編＞

四駆じゃないと行けない宿
アラホヴァにステイした日、値段だけ見て予約した宿。向かう道でまず驚いた。数々の崖道を運転して来た俺たちもビビるほどの急坂を延々と下っていくのだ。予約したけど辿り着けない人、絶対にいると思う…。

犬のホスピタリティが最高な宿
カペルニシで暴風雪にやられ、逃げるようにやって来たセルニカーキで泊まった宿。激安でキッチン付きなのがまず最高。そして、うざいくらい犬がフレンドリーで、車で轢きそうになる程付きまとってくる。

GREECE People ギリシャの滑り方＜人物編＞

観光系ストリートミュージシャンの兄さん
パルテノン神殿近くの路地で、ブズーキというギリシャの楽器を奏でながら歌うお兄さん。美しい音色に出会えたことが嬉しくてチップを奮発したら、いつ終わるかわからないくらい長く演奏してくれた。

駐車場で会った地元のスノーボーダー
「爆風でリフト動いてないけど歩いて1本滑ろうかな」そこまでは僕らと同じ考えだが、さらに「滑ったら海にカイトサーフィンしに行くんだ」好きな人はどこの国にもいるんですね。

スキーが大好きになった天使
雪の上を滑る独特の感触と風を切る快感を知ったら、人生が変わってしまう。小さな子供たちの目の色が変わる瞬間に、遠くギリシャで立ち会えたことが嬉しかった。

陽気なお土産売りの姉さん
インドの「押し売り＆詐欺」な土産屋と比べるもんじゃないが、陽気でいて、押し付けがましくない接客がとても心地よく、ついついたくさん買ってしまった。

オリーブ農園の主人
オリーブを収穫するところが見たくて、様子を見ていた俺たちに、わざわざオリーブがたくさんなっている枝を切ってプレゼントしてくれた。外国に行くと、カッコいい老人に出会うことが多い気がする。

島で髪を切り始めて推定60年のおじいさん
パロス島での弾丸トリップで、散髪してもらった理容室の主人。主人もハゲ、お客さんもみんなハゲだったので、失礼ながら「ちゃんと切ってくれるのかな？」と思ってしまった。

ライフスタイル系ストリートミュージシャンのおじさん
アコーディオンの音色に誘われて、歩み寄ってみたら、お世辞にも上手とは言えない演奏。しかし、妙に人間臭さが漂う魂の演奏に、ついつい引き込まれてしまった。

カリスマ客引きのおじさん
自信がみなぎる風貌と、フレンドリーなキャラクターとで、通りがかりの観光客のほとんどをレストランに誘い入れていた敏腕客引きのおじさん。
どんな強引な客引きでも、美味しい料理でゲストが満足してくれたら勝ちなのだ。

地球を滑る老夫婦
オーストラリアから、わざわざギリシャに滑りにきた老夫婦。俺たちが道路脇の斜面で撮影をしていると、好奇心旺盛な彼らは、車を停めて話しかけてきた。遺跡巡りに絡めてスキーを楽しむあたり、かなりの旅マスターだ。

GREECE Skiarea ギリシャの滑り方＜スキー場編＞

ギリシャのスキー場

スキー場24ヶ所、総コース距離197km、スキーリフト122機

青い海とアイランドリゾートのイメージが強いギリシャだけど、スキー場の数は実に24にもなる。国内のコース距離を合わせると197kmにも及び、スキーリフトは122機という。
スキー場の分布は大きく分けると、アテネからアクセスしやすい南部と、テッサロニキからアクセスしやすい北部。特にアルバニア、マケドニア、ブルガリアとの国境線近くには、たくさんのスキー場がある。ただし、それぞれが離れていて、違う渓谷にあるので、スキー場のハシゴは超不便。
ベストシーズンは、1月中旬〜2月中旬。3月は融雪でクローズの可能性があるので、行きたい人は注意して欲しい（え？誰も行きたかね〜って？）。

今回行ったスキー場

ギリシャには特大のスキーリゾートは存在しないが、個性的で魅力的なスキー場がいっぱい。全部巡ってみたかったけど、今回は南部のスキー場に標準を絞って、3箇所巡ってみた。

Mount Parnassos（パルナッソス）

ギリシャで最も大きなスキーリゾート。世界遺産としても知られるデルフィから1時間という好立地にあり、観光と絡めたスキー滞在が楽しめる。全体的に緩斜面が多いが、背後に控えるバックカントリーが魅力的。

Top 2,300m	コース総延長 36km	ゴンドラ 2基
Base 1,600m	1日券 30€	クワッドリフト 4基
標高差 700m		ペアリフト 3基
		Tバー・Jバー 9基

Calavrita（カラブリタ）

大きなスキー場ではないけど、アテネから最も近いスキー場ということもあり、日帰りスキーバスもたくさん訪れる。週末はイベントなどでも大賑わい。
山頂から広がる景観と大斜面は圧巻の一言。急峻なバックカントリーには、長大なクーロワールもあるとの情報をゲットしたけど、今回は行けず仕舞いだった。

Top 2,340m	コース総延長 12km	ペアリフト 2基
Base 1,700m	1日券 25€	Tバー・Jバー 5基
標高差 640m		

Karpenisi（カルペニシ）

トレイルマップを見るだけでは、全くピンとこないスキー場だけど、雪の多さ、気温の低さ、急斜面の多さなど、エキスパートのチャレンジ精神をくすぐるスキー場だ。麓の町も魅力的なので、長期滞在してゆっくり楽しみたいスキー場だと思う。
悪天候で滑れなかったのが、本当に残念…。

Top 2,219m	1日券 18€	
Base 1,839m	チェアリフト 4基	
標高差 380m	Tバー・Jバー 3基	

ギリシャのスキー場あるある

◆ユーロ圏と思えないリフトチケットの安さ
◆寒くても屋外のテラスで日向ぼっこ
◆雪の上をビーチのように楽しむ人々
◆BCスキーヤーが生息する痕跡がある
◆スノーボーダーが多め
◆暴走するソリに注意
◆どこからどこまでがスキー場か分からない
◆強風でクローズが多すぎ

ride the Earth by the Car! ＜番外編＞世界の運転を楽しむ

「真実？都市伝説？」 世界の「変な」交通事情

ドイツ
●普通車に限り、高速道に速度無制限の区間がある。
●高速道でのガス欠は法律違反。

イギリス
●オービス（監視カメラ）が駐車違反を取り締まり。

フランス
●踏切はそのままのスピードで進め。

ルクセンブルク
●フロントガラスがないタイプの車でも、ワイパーの装着はしなければならない。

ロシア
●泥だらけの汚い車に乗っていると罰金。

メキシコ
●助手席に免許保持者が乗っていて、「練習」と言えば、免許を持っていない子供が運転してもオッケー！？
（メキシコでは運転したくないな…）

中国
●車同士が事故を起こした場合、小さい車の方が責任を負うことになっている！？（そんな無茶な！）

ベトナム
●子供は2人まで乗車人数に含まれない。

フィリピン
●ナンバープレートの下一桁で運転できる曜日が制限される。
（渋滞緩和のため）

インド
●2車線に4列が当たり前。

スイス
●運転免許の取得費用がおよそ3,800フラン（約43万8千円）で、世界一高い。（日本は2位）

世界の危険な道路
ボリビア 死の道
標高3,600mにある首都ラパスとコロイコを結ぶ全長70kmの「ユンガスの道」。道幅が3.7mしかないこの道路では、毎年200～300人の人たちが事故で亡くなっている。

北米でスタッドレスタイヤが全く普及しないわけ！？
●タイヤ交換が面倒くさいから。
●幹線道路は融雪剤を撒きまくっている。
●スタッドレスタイヤは減りが早く不経済だから。
●雪はそのうち解けるから待てばいいと思っている。

世界一高額なレンタカー！？
現在世界一高いレンタカーと言われているのがイギリスHolders社のブガッティ・ヴェイロン BUGATTI VEYRON 16.4。レンタル料金なんと1日約240万円！（£16,500）最高速度は400km/hも出るスーパーカーで車両価格も1億円後半だったというから納得？ どちらにしろ庶民とはかけ離れた世界の話の様で…。

レンタカートリップの必需品
1 国際運転免許証
2 日本の免許証・パスポート
3 カーナビ（iPhoneなど）
4 スマホホルダー（ナビ用）
5 シガライターソケット
6 サングラス
7 FMトランスミッター（新しい車はBluetooth可）
8 音源（iPhone、iPodなど）
9 コンセントタップ
10 目薬・リップクリーム・日焼け止め
11 サンダル
12 タンブラー
13 眠気覚まし系グッズ
14 GoProなどウェアラブルカメラ
15 小銭入れ
16 タイヤチェーン（手に入れば）
17 海外で使用可能な携帯、またはWi-Fiルーター

レンタカートリップの心得
①乗り出す前に、故障がないか確認
　（傷などは、係員と確認し、念のため写真を撮っておく）
②乗り出す前に操作確認（色々違うので）
③小銭を手元に用意しておこう
④スキートリップにはオールシーズンタイヤと4WDは必須
⑤空港のWi-Fiを利用してオフライン地図をダウンロード、目的地を落としておく
⑥クレジットカードは複数持っていくべし
　（使えないと借りれないので）
⑦助手席の人は常に起きているべし
　（何が起こるか予測できないので）
⑧クラクションは遠慮しないで鳴らすべし
⑨旧市街に車で行くのは極力避ける
⑩細かいことを気にしない（気疲れするので）

mata tabi short essay by Key Sato

初めて見る景色、たくさんの人との出会い、そして日本にはないスキー文化。
そこに行かないと感じることのできない異文化が僕を魅了する旅も6カ国目。
限られた日程での旅では、スキル以上の動きをして1日を全開でやりきる時もあれば、
悪天候で何もできずじっとしていることもある。楽しいことを優先しがちな海外での旅では、
環境に順応するためについつい無理をしてしまうもの。
その繰り返しは、気づかないうちに「疲労」と言う形で蓄積されていく。
でも、疲れているはずなのに不思議と倦怠感は残らず、新しく始まる1日がすっきりと過ごせる時がある。
それは疲れのある中でも癒しの時があったからかなと僕は思っています。
ふと考えてみると、思い当たることが…。
訪れた国々で必ずと言ってもいいくらい出会うことができる「彼ら」がそうしてくれたんじゃなかと。
話しかけても寝てばかり。反応は泣くだけ。日本語はたぶん理解してないと思うし…。
時に逃げられ、時に威嚇され、じゃれあえる日もあったり遠くにその姿を見れるだけの日も。
僕らはロープによって近づけない世界遺産でも、その中で堂々とお昼寝。
そんな姿を見てるだけで最高の癒しをくれている気がしていました。
でも、それは気のせいではなく、ちゃんとした根拠があるようです。
人間が癒しを感じるには「オキシトシン」というホルモンが大きく関わっているらしいのです。
「オキシトシン」は幸せホルモンとも言われ、ストレスを緩和してくれ、多幸感を与えてくれる物質。

もしも癒されたいときは、この分泌を増やせばいいということなのです。
そしてこのホルモンの分泌を促してくれる生き物こそが、彼らなのです。
やり方は？ というと簡単で、彼らと触れ合うこと。
触れ合うとで幸せになる、癒される＝旅が楽しくなる！
そう考えると、良い旅ができたのは彼らのお陰ということもあるんじゃないかと思えてきました。
疲れた時、悩んでる時（そんなにないけど）、落ち込んでいる時（ほとんどないけど）、
彼らを探しかわいがる→癒される→オキシトシンが放出される→
幸せだという感情が増す→生活（旅）が楽しくなる（単純！）。
これをやらない手はないと思いませんか？
そんな気持ちで旅を続けているので、本当に良い旅ができて良い絵を残すことができています。
この幸せツールいっぱいの空間に、みなさんをいつの日かご招待する日を夢見て、撮り続けようと思います。
次の旅も本当に楽しみです。
きっと、そこにはまだ出会ったことのない瞬間が待っているに違いないからね。
そう、そしてマタタビで彼らに会えることを期待して！！！

LIFE IS JOUARNY, LIFE IS CAT!!

旅の終わり

「うわっ、なんじゃこりゃ…」到着した電車を目の前にして、思わず仰け反ってしまった。電車の車両全てにびっしりと描かれた色とりどりの落書き…(アート?)。アテネの落書き文化は凄い。ただの落書きを通り越した力作が、お店のシャッター、看板、学校の塀、電車、ガードレール…と、ありとあらゆる場所を埋め尽くしているのだ。中には、「一体どうやって書いたの?」というものまであるから、呆れを通り越して感心してしまう。この落書きしたいという情熱というか、執念はどこから来るのだろうか。ギリシャに来る前は、古代遺跡の重厚感にマッチした、落ち着いた街並みをイメージしていたけど、全くの正反対。目がチカチカするほどカラフルな落書きに埋め尽くされた路地から見上げる神殿…。これで本当にいいの?(笑)それでも、歴史的建造物には一切なされていないから、一応秩序は保たれているのかもしれない。

俺たちは、24時間電車乗り放題で600円という、JRでは考えられないくらいお得な切符を購入した。張り切って改札に行くと、ほとんどの人が切符を機械にかざさず、通り抜けて行く。いわゆる無賃乗車である。「背に腹は変えられね〜。国がなんとかしろよ」という感じだろうな。まぁ、人々はたくましく生きている。

モナスティラキ駅で電車を乗り換えて2駅。エヴァンゲリスモ駅からリカヴィトスの丘を目指した。リカヴィトスの丘から眺めると、360度白い家屋がびっしりと立ち並び、その中にオアシスのように公園や歴史的建造物が点在している。遠い昔、現在市街地になっている場所は全て森で、森の海に浮かぶ丘に都市や要塞が建造されていたのだ。アクロポリスのすぐそばにあるピレオスの港がエジプトの方向に開かれており、東にはオスマントルコ帝国。西にはローマ帝国。北にはロシア帝国が控えていた。なんという、文化の交錯する地点なのだろうか。なぜここが言語、宗教、哲学、芸術、民主主義の源流になったかがわかる気がした。俺と圭くんは、その後、シンタグマ広場の無名戦士の墓で兵隊の行進を見学し、ゼウス神殿の大きさに驚嘆し、アクロポリスのお土産通りの賑やかさにちょっとドキドキして、最後はパルテノン神殿を散歩するという、純粋な観光を楽しんでみた。その辺にある岩に腰掛けたら、それも紀元前3,000年の遺跡の一部だったり…。アテネは古代の遺跡と近代的な街とが調和した個性的な街だった。

滅多にやらない観光をして疲れ切った俺たちは、大都市から逃げるように、アルテミダという海沿いの小さな街にある貸別荘に向かった。

この宿について、書かなければならない。いつもそうだけど、なぜ最後に泊まる宿に限ってこんなにも最高なのだろうか!?

俺たちは、この国でコインランドリーを発見できず、下着を石鹸で手洗いして凌ぐ生活だった。それが帰国間際になって、今更ドラム式の完璧な洗濯機がありやがる! さらに、キッチンが最高で全て揃っているときたもんだ。今までずっとキッチン付きの宿を探していたけれど、ほとんどちょうど良い宿がなく、2週間以上いて、たった2度しかキッチン付きの宿に泊まれなかったのだ。ギリシャ料理は確かにうまい。しかし、ギリシャの食材を使った俺の料理はもっと美味いのだ(笑)。

「まぁ、こういうものだよね。こうやって、まだ帰りたくない〜って思わせてくれる宿に最後に泊まれて良かったって思おう」
確かに圭くんの言う通りだ。

最後の夜、俺はギリシャのビールを飲みながら、がっつり落ちて爆睡してしまった。旅に出ると、「さぁ寝よう」と準備することが少なく、毎日のように遊び疲れた子供みたいに寝落ちしてしまう。43歳にもなって成長しないな〜と思いながらも、この快感がやめられない自分がいる。そして、日本に帰国する日の朝がやってきた。「タケちゃん…最後に一つだけお願いしても良い?」圭くんが神妙な面持ちで言った。俺は今までの様々なトラブルを思い出して、一瞬身体が固まってしまった。もしかして、パスポートがなくなったとか?
「え…何?」「露店で良く売っている輪っか状のパン、あれを朝ごはんに買いに行きたいんだよね」「…もちろんいいよ!」
何を言うかと思ったら、最後にやり残したのが、ギリシャの大衆向けのパンをまだ食べていなかったということだった(笑)。逆にいえば、それくらい、今回は全てのことをやりきった感があったということだ。アテネからアブダビへのフライトで、青すぎる窓からの景色に釘付けになっていた。スキーの期間はずっと天候とにらめっこな日々だったけど、スキーの期間を終えた瞬間に毎日が北海道のすっきりとした夏のような天候だった(おいおいゼウス…)。エーゲ海の深い深い青に浮かぶ、様々な形をした島々を見ながら、またしてもセンチメンタルジャーニーに浸っていた。島という島に家屋があり、畑がある。世界のどこにでも人は住み着き、生活している。なんとなくそこに住んでいる人もあれば、そこが最高と思って住み着いた人もいる。望まずして、そこに流されて来た難民もいるだろう。当たり前だけど、人の数だけ

人生があり、そのどれもがその人だけの人生だ。

ギリシャで巡り合ったのは、歴史と自然とが融合した景色だった。栄華を極めた幾多の文明が、生まれ、栄え、滅びていった。それをつぶさに見続けて来たギリシャという国。民主主義という政治をつくったこの国が、独立した民主国家を築くことができたのは、皮肉にもほんの40年前のこと。それまではヨーロッパの火薬庫と呼ばれ、様々な戦争に巻き込まれ、戦場となってきた重たい過去を持っている。しかし、人々は、さまざまな政治、宗教、文化、芸術、哲学、食文化の礎を築き、大きな影響を与えて来た自国を心から誇りに思っているようだ。ギリシャの人々を見ていて、どこかの人に似てるな〜と思っていた。そうだ。沖縄の人々だ。

沖縄の人々の「なんくるないさー」と言う言葉が、若い人に、英語で言う「take it easy」と同じニュアンスで使われたりする。終戦後、沖縄はドン底の状態からスタートした。戦争に負け、家を焼かれ、家族も死に、人々はその日を生き延びることに精一杯だった。でも、命があっただけで良かった、生きていればきっと希望がある…。しかし、それも簡単にはいかない。アメリカ占領下となった沖縄では商売をするにも今までのようにはいかず、やれどもやれども苦労が増えることばかりで、報われることはなかなかなかった。そんな時に出た言葉が、「なんくるないさー」という言葉だった。

やってもやっても結果が出ないこともある。でも精一杯やるだけやったならいいじゃないか。だから不安でいるよりも、笑顔で「なんくるないさー」と笑い飛ばしてやりなさいということなのだ。

ギリシャの人々に、深刻な経済状況のことを聞くと、「なんくるないさー」とは言わないけど、同じニュアンスの言葉を口にする。「もうちょっと考えた方がいいんじゃない?」と世界中の人が思っているかもしれないけど(笑)。楽観的で明るいところこそが、まさにギリシャ人の良いところ。きっとこの先も、なんだかんだ言いながらも上手くたくましく生きて行くのだろう。それに、世界の国別統計によると、1ヶ月の平均エッチ回数が、日本人が世界最下位なのに対し、ギリシャ人は世界1位ときたもんだ。なんだか、心配しなくて良い気がしてきた(笑)。

とんでもなく深刻な経済危機に見舞われても、それもある意味どこ吹く風。この国は、もっともっと深刻な過去を乗り越えて来たのだから。時代の騒乱の中でも、オリーブやレモンの実が梢に揺れ、石畳の路地裏には、アコーディオンの音色が響いていたのだろう。

エピローグ

「いや〜、なんだか全く実感がわかないよね」俺と圭くんは、ある友人の遺影に向かい、手を合わせながら呟いた。ある友人とは、登山家の栗城史多くんのことだ。俺たちと栗城くんは、一緒にアラスカでのスキートレーニングに行ったり、彼の遠征をサポートしに行ったりする仲だった。その彼が、エベレスト登山中に滑落して亡くなったのだ。俺たちは、栗城くんの地元、今金町で執り行われた葬儀に参列していた。「いい顔してるね」額の中の彼は、とても穏やかな笑顔を浮かべている。

俺は、なんとも言えない奇妙な感情を覚えていた。不謹慎かもしれないけれど、こんなにも悲しみを感じない葬儀は初めてだったのだ。生きて帰ってこそ冒険。それは間違いないことだと思う。ただ、彼の場合、何かを成功することが目的だったのではなく、チャレンジし続けること。つまり、諦めないことが目的だったのだ。彼と一緒にいるとき、どこからどこまでが本心なのか分からず、いつも狐につままれたような気分だった。

もともと、役者や芸人志望だったという栗城くんだけに、人生を使って、壮大な栗城劇場の主人公を演じていたのかもしれない。ということは、この葬儀ですら、彼にとっては計算済みの演出の一つで、俺たちは栗城劇場を訪れた観客ということになる。天国でニコニコ笑う栗城くんの顔が目に見えるようだった。

「幸せな奴だな〜」

自分の人生をとことん燃焼した生き様を、まざまざと見せつけられた気分だった。なるほど、こういう感情をみんなの心に残すことこそが、栗城劇場のクライマックスだったというわけか（笑）。完全無欠のスーパースターではない。むしろ、欠点だらけ、傷だらけ。山岳関係者からは批判され、ネットでは叩かれ…。それでも、誰にも似ていない自分だけの人生を一心不乱に歩み続けた彼だからこそ、何か心に訴えてくるものがあった。

今金から札幌に帰る車の中で、俺と圭くんは言葉少なで、いろんな思いに耽っていた。「圭くん、地球を滑る旅のこれからについて、考えたんだよね。」旅が始まった7年前、時間的にかなり自由が効く状態にあった俺たちも、今は、旅や本の作成、イベントなどに時間をかけることが難しくなっていた。「俺も考えていたんだよ…」と圭くんが言った。しばらく沈黙が続いた後、圭くんがおもむろに口を開いた。圭「もっと本気でやらない？」俺「やっぱりそう思った？」車内に二人のガハハという大きな笑い声が響き渡った。圭「まず、公式ホームページでしょ。それに、公式グッズ販売！」俺「そして、次の旅先は…」圭「いよいよアレをやりますか！？」

やっぱりそうだよね。栗城くん。
やりたいことを後回しにするほど、人生は長くないのだから。

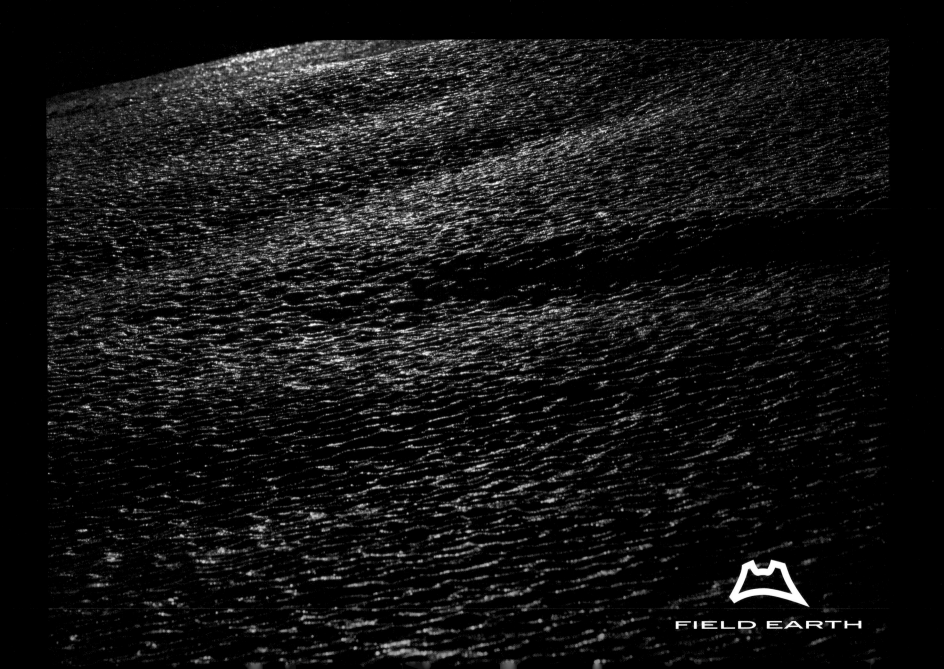